航空装备模块化
质量控制与产业协同创新

HANGKONG ZHUANGBEI MOKUAIHUA
ZHILIANG KONGZHI YU CHANYE XIETONG CHUANGXIN

南昌航空大学学术文库

网络组织质量管理丛书

航空装备模块化
质量控制与产业协同创新

HANGKONG ZHUANGBEI MOKUAIHUA

ZHILIANG KONGZHI YU CHANYE XIETONG CHUANGXIN

冯良清　黄大莉/著

中国财经出版传媒集团

经济科学出版社

Economic Science Press

图书在版编目（CIP）数据

航空装备模块化质量控制与产业协同创新/冯良清，
黄大莉著．—北京：经济科学出版社，2016.10
（网络组织质量管理丛书）
ISBN 978 – 7 – 5141 – 7453 – 3

Ⅰ．①航…　　Ⅱ．①冯…②黄…　　Ⅲ．①航空装备 – 航空
航天工业 – 质量管理 – 研究 – 中国②航空装备 – 航空航天
工业 – 产业发展 – 研究 – 中国　　Ⅳ．①F426.5

中国版本图书馆 CIP 数据核字（2016）第 272233 号

责任编辑：李　雪
责任校对：徐领柱
责任印制：邱　天

航空装备模块化质量控制与产业协同创新
冯良清　黄大莉　著
经济科学出版社出版、发行　新华书店经销
社址：北京市海淀区阜成路甲 28 号　邮编：100142
总编部电话：010 – 88191217　发行部电话：010 – 88191522
网址：www. esp. com. cn
电子邮件：esp@ esp. com. cn
天猫网店：经济科学出版社旗舰店
网址：http://jjkxcbs. tmall. com
固安华明印业有限公司印装
710×1000　16 开　15.75 印张　250000 字
2016 年 12 月第 1 版　2016 年 12 月第 1 次印刷
ISBN 978 – 7 – 5141 – 7453 – 3　定价：49.00 元
（图书出现印装问题，本社负责调换。电话：010 – 88191510）
（版权所有　侵权必究　举报电话：010 – 88191586
电子邮箱：dbts@esp. com. cn）

本书得到以下基金项目资助：

国家自然科学基金项目（71362019）

航空科学基金项目（2014ZG56028）

江西省杰出青年人才资助计划（20162BCB23037）

江西省软科学研究计划项目（20161BBA10052）

前　　言

　　航空产品开发过程复杂，其项目质量控制相对于其他产品也更为复杂。为了提高生产效率和实现专业化协作，航空装备研制项目主要采用"模块集成商—模块供应商"的研制模式，以模块集成商（主研制单位）为核心的战略联盟进行协同创新研制。因此，从项目模块化视角，研究航空装备的模块化质量控制与产业协同创新具有重要意义。本书主要包括两大部分内容：

　　一是航空装备研制的模块化质量控制研究。针对航空装备研制的流程模块化，提出了"模块化质量分解—模块化质量选择—模块化质量控制—模块化质量改进"四阶段模式。（1）模块化质量分解。应用 BOM 分解法对航空产品研制的项目的业务活动进行模块分解，并依据分解后的产品研制的项目组织模块，对其模块化程度和敏感度进行仿真。以某航空装备研制项目为例，探索其项目模块化划分程度，最后为研制项目的模块管理者提供相应改善策略。（2）模块化质量选择。构建了多维质量屋，从维度方面进行方法的完善，将指标体系分为三个维度，并通过采用豪斯多夫距离公式与相似度函数相结合的方法，改善传统质量屋方法主观性过大的缺陷。最后针对某型号研制项目，分析其机体模块化质量匹配问题，验证了该方法的有效性。（3）模块化质量控制。基于航空装备研制项目的特点，从项目模块化的视角，提出一类项目模块化质量控制方案的多级决策模型。从项目整体改善目标、模块化质量改善目标以及资源控制三个目标出发，构建多目标规划模型。基于航空产品研制项目的多层级性，以质量控制资源和质量改善目标为纽带，构建多层级多目标规划模型。最后以某型号研制项目为例，进行仿真分析，验证模型的可行性，为航空研制项目模块集成商提供质量控制方案决策方法借鉴。（4）模块化质量改进。提出了项目质量改进的 RSCD 循环模式，即"装备调查分析——模块化质量选择分析——模块化质量控制分析——模块化质量改进方案设计"循环模式。

二是航空装备产业的协同创新发展研究。针对航空装备模块化质量与协同创新的内涵，研究其内在关系、发展模式及发展策略。（1）模块化质量与产业协同创新的关系研究。研究了航空装备产业协同创新联盟的组织体系，分析了航空装备的服务型制造价值创造空间，构建了航空装备服务型制造网络的模块化质量协同模型，研究航空装备产业协同创新的模块化质量协同问题。（2）航空装备产业协同创新模式研究。针对航空装备发展的价值链结构模块化，从模块化质量与服务型制造的视角，提出构建全产业链、全要素、全过程与模块化协同的"三全一协同"全面协同创新发展模式并进行案例分析；针对航空装备产业发展的组织管理模块化，提出包含技术模块、产品模块、服务模块及组织模块的模块化协同创新发展模式并进行实证分析。（3）航空装备产业协同创新发展策略研究。从服务型制造、模块化质量协同创新、全面协同创新的视角提出我国及江西省航空产业协同创新发展策略与路径。

当前，航空装备研制已进入了模块化时代，模块化质量控制方法作为网络组织中项目质量管理的重要分支，在航空科学技术发展及航空管理方面具有广阔的应用前景。现代项目质量管理注重过程的方法与组织设计的集成应用。航空装备研制项目涉及多个质量功能小组、多个模块供应商，需要运用多学科的知识来解决问题。将模块化质量的分解、选择、控制及改进过程进行系统化设计，对推动航空产业的协同创新发展具有重要作用：（1）模块化质量的分解是航空装备研制的需求分析过程，系统的分解方法研究有助于型号研制中产品结构的优化及概念设计的创新；（2）模块化质量的选择是航空装备研制的质量行为主体功能配置过程，可提供项目运行中模块化组织选择的优化方法；（3）模块化质量控制模型可为航空装备研制项目提供多级控制决策方案，达到系列条件约束下合理分配资源的目的；（4）模块化质量改进是项目运行的系统提升过程，为航空装备研制项目提供直接的实践参考。

本书由我主持的国家自然科学基金项目（71362019）、航空科学基金项目（2014ZG56028）、江西省杰出青年人才资助计划（20162BCB23037）以及江西省软科学研究计划（20161BBA10052）等多个项目研究的部分研究成果集结而成，也是我博士后研究以及国外访学交流期间的成果之一。感谢相关基金项目的支持以及天津大学何桢教授、美国田纳西大学金明洲教授对我的帮助与指导。

　　本书由冯良清总负责，研究生黄大莉作为主要人员参与了第2章至第5章的撰写，研究生舒方玲参与撰写了第7章的部分内容，课题组成员李文川博士参与撰写了第8章部分内容。研究生夏超、曾坤坤、曾伟平、张庭益及辛集虹等为本书的撰写，从不同程度上作出了贡献。感谢课题组成员一直以来的努力与支持。

冯良清

2016 年 10 月

目　　录

第1章 绪 论

本章主要介绍研究背景及意义，分析国内外研究现状并提出所需解决的问题，介绍研究内容、研究方法与创新之处。

1.1 研究背景及意义

1.1.1 研究背景

（1）国家对航空装备产业发展的政策需求。航空装备项目是一项庞大而复杂的创新性系统工程，中央将发展大飞机作为一项具有战略意义的重大决策，国务院将其作为我国建设创新型国家的标志性工程。国务院曾在"十二五"规划中正式颁布了《国家战略性新兴产业发展规划》，强调了将航空制造产业作为重点发展方向和主要任务：统筹航空技术研发、产品研制与产业化、市场开拓及服务提供；至2015年，形成国产飞机整机集成和关键部件研制生产能力，航空产业融入世界航空产业链；2020 年，航空产品、航空服务形成竞争优势，航空产业国际化发展水平显著提高。21 世纪以来，新一轮科技革命和产业变革正在孕育兴起。为抢占未来发展的先机，党的十八大做出了实施创新驱动发展战略的重大部署，强调科技创新是提高社会生产力和综合国力的战略支撑，必须摆在国家发展全局的核心位置。

（2）中国航空装备技术能力提升的实践需求。航空工业具有技术高度交叉、资本投入力度大等特点，成为先进技术最先应用的行业，也是科技革命的示范和先驱行业。航空产品具有单位价值高、技术含量高、产品结构复杂的特点。目前中国的航空装备产业多以承接国外大型转包业务为主，在作为价值链中价值含量较高的上游和下游部分，尤其是价值链的上游，即航空装备项目的研制环节，仍旧与国外存在着相当大的差距。因此中国航空产业需要将航空装备研制项目作为重点研究对象，提升我国航空产业技术发展力量。然而中国航空装备研制项目仍旧存在组织模式不完整、配套设施基础薄弱、研发资源相对分散、研发规模较小、系统创新能力不足，研制项目质量控制缺乏健全的管理模式和系统等问题。

（3）航空产业协同创新发展的产业升级需要。航空产业作为国家战略性先导产业和当前世界综合国力竞争的制高点，具有研制周期长、技术密集、资金密集、附加值高、技术风险高、辐射面广、连带效应强等复杂特点，被誉为

"工业之花""科技之花"。因此,航空产业的快速、健康发展有利于推进科技进步、区域产业优化升级和区域经济增长。

在国家大力实施创新驱动发展战略的背景下,航空产业协同创新已成为提升航空产业自主创新能力、提高核心竞争力的必由之路。作为江西省十大战略性新兴产业之一,航空产业在江西省经济和社会发展中发挥着重要的支撑作用,因此,推动航空产业的协同创新是大力推进江西省战略性新兴产业创新发展,并实现区域经济结构优化的重要战略举措。

1.1.2 研究意义

(1)研究航空装备研制项目的模块化质量控制与协同创新发展模式,对模块化网络组织的运行机制创新、项目质量管理理论与方法的创新以及产业升级理论创新具有重要意义。

航空装备的多模块系统结构决定了其模块化产品特性,研制项目的多企业联合的运作特点决定了其模块化组织特性,项目的运行机制很自然也发展为模块化管理。航空装备研制项目的质量控制问题需要从理论上构建模块化质量控制体系。因此,研究航空装备研制项目的模块化组织管理及质量控制方法具有重要意义。同时,本书通过改进传统的质量功能(quality function deployment,QFD)展开方法，将其拓展到多维空间，对项目模块供应商的选择提供了新的研究方法。构建多层级多目标质量控制方案决策模型，建立质量改进流程本身也是对质量管理理论的创新，同样具有重要的理论意义。

服务型制造是服务经济的重要组成部分，将成为全球制造业发展的基本趋势，航空制造产业发展必然要适应这一新的变化趋势，本书将生产性服务与制造业融合，探讨和揭示基于服务型制造的航空制造产业全面协同创新发展的内在机理、规律和政策诉求，具有一定的理论前沿价值和时代性。可以补充和发展产业升级理论、创新管理和服务管理理论，对服务科学与产业经济学的发展都具有重要的理论价值。

（2）研究航空产业研制项目的模块化质量控制问题，对航空装备产业的协同创新发展具有一定的应用价值。

航空装备研制项目的成功直接关系到国家政治、军事及战略利益，能否在实施过程中处于良好的受控状态，是项目能否成功的一个最关键、最本质的因素。本书对航空装备研制模块化质量控制问题的研究，能够有效促进航空大型研究院各个项目顺利进行并获得成功提供理论指导。同时，航空装备项目由于其所遇到的技术以及管理问题的复杂性超过一般行业，对于国民经济具有技术扩散效应和管理扩散效应。因此，本书的模块化分解研究、模块化质量控制仿真研究、模块化质量控制改进研究有利于提高中国各航空科研院所及相关企业的项目质量管理水平，对于提高中国整个航空装备产业的协同创新发展具有重要的现实意义和战略意义。同时，本书在对比分析我国航空制造产业发展现状的基础上，分析江西航空制造产业发展问题，研究其全面协同创新发展影响因素、模式及策略，使研究具有更高的应用价值。

1.2　国内外研究现状

围绕本书的主题，相关目前国内外有关的研究主要包括：模块化理论及其应用研究、航空装备项目质量管理研究、QFD 方法的改进及应用研究、航空装备产业协同创新发展研究。

1.2.1　模块化理论及其应研究

1.2.1.1　模块化理论研究

航空装备项目涉及多个质量功能小组、多个模块供应商，需要运用多学科的知识来解决问题。模块化原理在产品设计、组织设计及管理创新方面都发挥着重要作用。

从 Simon（1962）[1] 提出模块化概念后，模块化最早在计算机方面得到重视和运用。自 1997 年 Baldwin 和 Clark 在《哈佛商业评论》上发表《模块化的时代》后[2]，模块化的思想才在工业生产及组织管理中逐渐被广泛使用[3]。

对于模块这一概念，引用最多的是青木昌彦的定义：指可组成系统的具有某种确定独立功能的半自律性子系统，可以通过标准化的界面结构，与其他功能的半自律性子系统按照一定的规则相互联系而构成的更加复杂的系统[4]。Ernst 和 Kimb（2002）[5]认为模块化产业组织有利于知识的扩散和本地供应商能力的提高。并不是所有的企业都可以实行模块化管理，模块化程度取决于系统的可分解性，一个系统的可分解性越强，模块化程度就越高。Schilling 和 Steensma（2001）[6]认为企业可以采用三种模块化组织模式：外包合同、替代性工作安排和联盟。本书所指的模块化质量为：一组由产品或服务通过标准界面分解形成的产品模块或服务模块所具有的固有特性满足要求的程度[7]。对企业进行模块化质量控制就是首先对该产业进行生产或组织结构模块划分，找出影响各模块的关键因素，并通过协同配合，使得整个网络系统高效运行。

1.2.1.2　模块化应用研究

早期国外模块化研究偏向于标准化和通用化，模块化研究的重心多放在产品的结构设计上。现在模块化越来越多地运用于企业组织和管理层面。即模块化的原理从产品模块化发展到组织模块化，再到管理模块化。以模块化为基础的企业生产网络打破了包揽生产经营活动全过程的垂直一体化企业的界限。黄泰岩和李鹏飞（2008）[8]总结了模块化生产网络对生产业务外包、产业集群、企业规模、交易成本理论、熊彼特创新理论产生的深刻影响。曹虹剑

(2010)[9]对网络经济时代模块化组织治理机制进行了系统研究。彭本红（2011）[10]以大型航空复杂产品为例，研究了模块化生产网络治理机制问题。冯良清（2012）[7]结合制造业与服务业融合发展的背景，对服务型制造网络的质量管理问题进行了创新性研究，首次提出了模块化质量的概念，建立了服务型制造网络节点质量行为分析框架以及基于模块节点能力差异的"适应性质量协作—合约化质量协调—模块化质量协同"系列模型。

1.2.2　航空装备研制项目质量管理研究

1.2.2.1　航空装备研制项目管理

航空装备研制项目由其自身产品的复杂性以及高附加价值的特性决定了项目的复杂性以及项目管理的多样性。

王立文等（2002）[11]认为中国航空工业的型号研制已经形成了专业门类齐全，研究、设计、实验、制造手段配套的高科技产业体系，能够自主研制生产歼击机、歼击轰炸机、强击机、轰炸机、侦察机、直升机、运输机及通用飞机等多种机型，这些型号的飞机在性能质量、经费投入和研制周期等方面都取得了可喜的成绩。程三川（2006）[12]认为航天型号研制项目是一个多学科、多专业有机结合的大规模系统工程，具有投资巨大、技术复杂、综合性强、协作面广、研制周期长、质量和可靠性要求高、风险大、管理难度大等特点。刘暐（2006）[13]提出，在研制过程中，项目管理对产品质量、周期、成本的影响较大，为解决传统的型号研制管理模式中存在的计划与经费管理不规范，项目责任人自主性较弱等问题，各航空企业相继引入了国外先进的项目管理方法。

针对航空装备研制项目进度风险，国内外学者也进行了相关的研究。殷学林（2006）[14]认为德尔菲法比较适合适用于项目风险产生的原因比较复杂、影响比较重大而又无法用定量分析的方法加以识别的风险。刘光富和陈晓莉（2008）[15]提出确定德尔菲法专家意见权重的详细方法。但德尔菲法具有局限性，只能反映比较一致的意见而对于这种意见正确的理由无法证明，并且项目风险预测与识别非常容易受项目风险管理者主观上对调查的选择影响，从而导致结果发生偏差。范道津（2010）[16]认为故障树分析法非常适用于大型项目对于风险进行识别，并总结了该方法的分析步骤。另外，凌云志（2012）[17]对航天型号研制项目进度风险管理的原则及程序、风险识别、风险分析及评价的方法、框架、流程都进行了相应的分析和探索，并对项目进度控制的原理、方式、过程、趋势做了透彻和详细的论述。

Schwarts P C（2000）[18]认为项目管理适用于任何项目活动，特别适用于大型、复杂或阶段性的活动管理，而航空装备研制项目往往是长周期、大容量、多环节的复杂项目，因此特别适于采用项目管理。杨卫平（2002）[19]认为航空装备研制项目管理有利于项目各子系统目标的控制和各子系统项目之间的协调以达到项目效益最大化。李明辉（2008）[20]针对项目管理执行过程提出成本效益原则，以避免设置不必要的部门或环节导致进度管理成本的上升和管理效率的降低。田国剑（2009）[21]提出一种着眼于快速取得研发成果和充分发挥组织职能的组织形式，即矩阵的组织结构模式，以满足航天型号产品研制项目中各组织部门的相互协调与配合。航空装备研制项目进度计划有多种方法以对项目进行排序和制定进度计划。针对关键线路法，王文莉（2009）[22]则利用网络图找出项目关键路径，以确定各活动时间；针对甘特图，该学者提出以日历形式列出项目工期开始和结束的时间，用以描述项目进度信息，并将其"可视化"。

1.2.2.2　航空装备项目质量管理理论与方法研究

关于项目质量管理内涵，国际标准化组织对于质量的定义是：质量是反映实体（产品、过程或活动等）满足明确和隐含的需要的能力和特性总和。质量在项目质量管理中表现在两个方面：项目过程的质量和项目产品的质量。Johnm Nicholas（2017）[23]认为在这个定义中，对产品而言，质量主要是指产品能够满足用户使用要求所具备的功能特性，一般包括产品的性能、寿命、可靠性、安全性、经济性、外观等具体特性；对服务而言，质量主要是指服务能够满足顾客期望的程度，一般取决于用户对服务的期望和对服务的实际体验二者的匹配程度。王洪军（2007）[24]认为项目质量管理就是指为确保产品质量，且实际发生的质量成本不超过预算计划而开展的管理活动，通过这些活动要实现所有的管理职能，其目标是按照众所周知记录在案的业务需求来确定的，即在项目实施过程的各阶段采取一系列质量控制和质量保证活动，提高各阶段的工作质量，以最终获得客户期望的质量水平。

关于项目质量管理体系研究，随着国际标准化组织各类体系认证制度的不断完善，项目质量管理也正在朝着这一方向迈进。Radujkovic Z D M（2007）[25]通过对建设工程各参与方的调查，认为项目质量体系通过质量计划加以描述，可以被定义为一套特定的程序，成为组织质量体系的一个组成部分。Fletcherb K（1990）[26]等描述了一系列关于改进建设项目设计及现场过程管理的建议，提出了获取质量的22个重要因素，并对其进行逐一考查，每个因素都与质量体系的原理密切相关。

随着项目质量管理日趋重要，项目质量管理的方法种类也越来越多。Schriner J J（2008）[27]提出了一整套项目执行方法论，从技术和管理两个方面为项目提供综合策略。Conradie D（2008）等[28]提出运用模拟方式改进设计质量，并在项目建设之前模拟验证各种设计假设，通过模拟、评价设计方案，以改进建设项目设计、质量及管理。李英明（2011）[29]认为项目质量管理是宏观的层面，而项目质量保证是微观的层面，并设计了一条贯穿整个项目的研究主线"项目质量管理—实施质量保证—质量保证的输入和输出—质量保证的工具与技术—质量审计—质量体系的融合与运行"。张泓彦 (2017)[30] 运用 WBS (work breakdown structure) 工作分解结构方法对上汽商用车项目质量管理过程进行全面分析, 最终整理得到一套整车项目质量管理 WBS 法。

目前关于复杂产品生产设计的控制研究已经有了初步模型仿真与分析。但关于航空装备研制项目的质量控制问题研究方面较少。航空装备研制项目是大型复杂项目, 其产品结构的复杂性及全球化大生产的模式, 决定了其质量控制方法也相对复杂。郜震霄和肖田元等 (2010)[31] 提出了面向复杂产品设计的仿真优化算法, 为复杂产品的设计提供了思路借鉴。李亚平和刘思峰等 (2014)[32] 从供应商选择的角度, 构建了一类基于多级递阶规划的复杂装备研制质量模型, 并设计了模型的求解算法。但是该方法主要是从资源利用的角度进行方案选择优化的, 至于项目小组如何划分、如何选择供应商以及各供应商在复杂环境下如何进行协同运作仍未有过多涉及。

1.2.3 QFD 方法的改进及应用研究

1.2.3.1 QFD 原理

QFD 方法是由日本著名质量管理专家赤尾洋二和水野滋于 20 世纪 60 年代提出的一种立足在产品开发过程中最大限度地满足顾客需求的系统化、用户驱动式质量保证与改进的方法[33]。在 20 世纪 90 年代, QFD 形成了

3 种被广泛接受的模式，即综合 QFD 模式（赤尾模式）、ASI 模式（美国供应商协会）和 GOAL/QPC 模式。在 20世纪 90 年代初，新藤久和（1998）[34]考察质量机能展开中的质量设计过程，同时与机械制图中的产品设计过程相比较，提出了质量机能展开的概念模型，并用该模型解释其本质，从而阐明了 QFD 的根本原理，奠定了 QFD 理论的基础。Behara 和 Chase（1993）[35]将 QFD 理念引入到服务业，他利用 SERVQUAL 层面将顾客的需求纳入服务设计的过程当中，并将所得到的模式称为服务屋（house of quality）。

1.2.3.2　QFD 改进

进入 21 世纪后，社会的发展越来越快，为了适应环境的不断变化，QFD 方法也在与时俱进。有一部分学者开始对 QFD 方法进行改进。Wu M L（2002）[36]利用精确数与层次分析法（analytic hierarchy process，AHP）来确定顾客需求基本重要度，从而提高了顾客需求基本重要度的有效性。BAIH 等（2003）[37]通过模糊层次分析来确定 QFD 方法中的客户需求权重，完善了客户需求权重的求解方法。匡建超和王众（2007）[38]使用 DEMATEL 法得出各指标对其他指标及其决策目标的影响程度。穆瑞（2009）[39]提出了一种基于改进 QFD 的属性权重确定方法。郭基联等（2009）[40]将 FMEA 中的信息透过基于故障模式的需求重要度直接地反馈至质量层，从而得到新的用户需求重要度排序。随着 QFD 方法所解决的问题变得越来越复杂，还有一些学者逐渐认识到 QFD 方法与其他方法进行深度融合的必要性。盖峰（2006）[41]提出 TRIZ 与 QFD 相结合的分析模型。Elif K Delice 等（2009）[42]采用将 MILP，Kano 与 QFD 相结合建立起多目标决策模型。安相华等（2010）[43]利用粒子群方法与 QFD 法相结合形成的方法建立起多约束多目标优化模型。Wu Hung – Yi 等（2012）[44]在进行技术特征设计时，混合地采用 QFD、粗糙集和灰色关联等理论。薄洪彬（2012）[45]将 AIS 法与 QFD 法相结合来实现对产品的设计。

1.2.3.3　QFD 应用

QFD 方法运用广泛，效果明显。从 QFD 产生到现在，其应用已涉及汽车、家用电器、服装、集成电路、合成橡胶、建筑设备、农业机械、船舶、自动购货系统、软件开发、教育、医疗等各个领域。例如，Jacques Marsot（2005）[46]将 QFD 方法应用到刀具的设计过程中并降低了其设计周期；王海涛（2008）[47]利用 QFD 建立起质量需求与质量特性的映射关系，从而实现基于 QFD 的智能坐便器研发；熊伟等（2008）[48]将 QFD 运用于柴油机的概念设计；曾海峰（2009）[49]则将 QFD 法引用到包装机械的设计与成本分析过程中；孙玲玲（2009）[50]将 QFD 应用于企业的 R&D 项目质量管理；郤富强等（2010）[51]采用 QFD 法进行减速器设计与优化；刘莉（2010）[52]利用 QFD 法来进行水龙头的概念设计。

1.2.4 航空装备产业协同创新发展研究

1.2.4.1 航空装备产业发展研究

航空装备产业属于高端装备制造业，组织体系庞大，产品领域广泛，制造工艺复杂，技术标准要求高。为了更好地推动航空装备产业的发展，近年来，国家对航空产业扶持力度加大，航空工业面临着前所未有的发展机遇和产业政策环境。2005 年以来，我国相继发布了《国家中长期科学和技术发展规划纲要（2006 – 2020 年)》《国家"十二五"科学和技术发展规划》《"十二五"国家战略性新兴产业发展规划》《民用航空工业中长期发展规划（2013 – 2020 年)》《中国制造 2025》等规划和战略，为航空工业的发展指明了道路，提供了政策导向。

对于航空装备产业的战略发展的理论研究，部分学者从集群创新、技术创新、企业创新方面对其进行研究：丁倩倩（2010)[53]从集群创新的角度来研究我国大飞机的发展，提出了加强制度建设、完善基础设施建设、注重开发人力资源、加大政府扶持等政策建议；刘春英和余青青（2013)[54]将航空制造业中的上市公司自主创新能力指标（I）和绩效指标（P）做回归，显示两者呈现强正相关性，并且存在 2 年时滞；于兆吉和李颖墨等（2013)[55]重点探讨装备制造业科技协同创新的研究现状，从产学研合作出发并结合区域协同创新和产业集群协同创新，对我国装备制造业科技协同创新进行分析；航材院副总工程师丁鹤雁等 (2012)[56]认为材料技术进步推动航空制造发展；李柏洲和周森 (2012)[57]研究了技术创新、制度创新、市场创新 3 种媒介对航空企业创新过程的影响，还建立了企业外部知识获取、企业内部知识共享能力、企业技术能力和企业转包绩效之间关系的理论模型，发现相互之间存在影响。

1.2.4.2 服务型制造模式下的产业协同发展研究

服务型制造是一种全新的制造模式，其产生与发展可以追溯到生产性服务业的兴起，对于生产性服务业的兴起，生产性服务业是指为其他商品和服务的生产者提供中间投入的服务行业。随着工业化和城市化的不断推进，我国产业结构逐步调整，服务业占经济总量的比重日益提高，其中生产性服务业的发展尤为突出。后来，Pappas (1998) 等[58]提出服务增强 (service enhancement, SE) 概念。对于服务增强的提出，Marceau (2002)[59]通过研究制造与服务活动的关联指出，在服务密集型产品的生产中，制造和服务分别扮演着各自的角色，而服务与制造之间的界限因为产品系统的产生变得模糊。Porter (1990)[60]通过研究发现，制造和服务间除了传统关联外，制造业想要快速发展就更应发展服务增强型产品。Berger (1997)[61]通过对中国香港制造业与美国和日本的生产率差异的研究，分析了生产性服务在组织层面的微观机理，并明确提出了"服务增强型制造业"的概念。

近年来，主要发达国家展开了相关研究，如美国研究基于服务的制造，日本研究服务导向型制造。我国著名学者孙林岩等（2008）[62]、江志斌等（2011）[63]对服务型制造问题进行了重点研究；王康周等（2011）[64]、丁兆国等（2013）[65]对服务型制造战略下中国制造企业活动的价值创造进行分析；谢文明等（2012）[66]对服务型制造与传统制造的差异进行分析并提出了要解决的新问题。服务型制造的产品模式是产品加服务，即产品服务系统（PSS），Cook M B 等（2006）[67]将其分为面向产品的 PSS，面向应用的 PSS，面向效用的 PSS。国内顾新建等（2008）[68]提出 PSS 设计包含五种思想：模块化、智能化、个性化、标准化和集成化，认为 PSS 的创新是服务创新与产品创新的结合，是商业模式的创新。服务型制造组织模式主要是基于价值模块协作的服务型制造网络，其业务模式主要通过生产性服务的模块化外包与服务性生产的模块化流程协作进行，大量文献都论断了网络组织具有显著的协同效应[69]。

1.2.4.3 产业协同创新研究

实施创新驱动发展战略是党的十八大提出的新论断，报告中明确提出要坚持走中国特色自主创新道路，站在全球视野的角度谋划和推动创新，提高原始创新、集成创新和引进消化吸收再创新能力，更加注重协同创新。目前，中国经济发展进入新常态，正从高速增长转向中高速增长，从规模速度型粗放增长转向质量效率型集约增长，经济已经进入重大转型期，宏观上支持中国长期增长的各项要素禀赋条件发生了新的变化。这些变化要求经济发展方式从

"要素驱动"转向通过技术进步来提高劳动生产率的"创新驱动"。尹德志（2013）[70]指出创新驱动是指经济增长主要依靠科学技术的创新带来效益；洪银兴（2013）[71]提出驱动经济发展的创新包括科技创新、制度创新和商业模式的创新，其中科技创新是关系发展全局的核心；葛秋萍（2013）[72]指出我国创新驱动型产业升级政策的着力点在于通过增强产业创新动力。

企业技术创新管理方式经历了个体/单个创新管理（20 世纪 40 年代～70 年代）、组合创新管理（20 世纪 80 年代～90 年代）以及迈向全面创新管理（20 世纪 90 年代后）三个阶段。许庆瑞等（2003）[73]首次从理论上提出了全面创新管理（TIM）范式，郑刚和梁欣如（2006）[74]等在此基础上研究了企业技术创新过程中的全面协同创新机制，提出全面协同创新过程模型。陈劲和陈钰芬（2007）[75]将模块化方法应用于复杂产品系统创新管理，研究了模块化创新的机理。刘志彪（2012）[76]从服务全球化集聚高端人才、提升开放型经济水平、建设创新文化等角度思考如何实施创新驱动战略。王海花等（2014）[77]认为实施创新驱动发展战略，需要构建以企业为主体、市场为导向、产学研相结合的产业创新体系。危怀安和聂继凯（2013）[78]、马永坤（2013）[79]、杨继瑞（2013）[80]均从协同创新的视角研究产业协同创新的问题。

1.2.5　本书研究的关键问题

航空装备产品（如战斗机）是指一类结构复杂、工程技术含量高、由许多系统模块高度集成的大型产品，具有模块化特点；航空装备研制项目是围绕航空装备产品的研发由上级下达任务，由许多单位参加的协同研发的系统工程，具有复杂性特点；每一个研制项目都存在许多不确定因素，型号研制过程中面临着风险，存在失败的可能性，具有探索性的特点；同时由于每个航空装备研制项目要求独特，要求探索一片新的知识领域，产生新的设计和工艺的思路、方法、技术，没有先例可循，因此具有创造性特点。航空装备研制产品的模块化及项目管理的复杂性、探索性与创造性特点决定了其质量控制问题的重要性。为了提高生产效率和实现专业化协作，航空装备研制项目主要采用"模块集成商－模块供应商"的研制模式，以模块集成商（主研制单位）为核心的战略企业联盟进行协同创新研制。各模块的质量取决于模块供应商的质量水平，航空装备产品的最终质量取决于整个模块化组织的整体质量水平，所以模块结构的分解及模块供应商的选择在航空装备研制项目的整个过程中是关键环节。模块集成商为了保证航空装备产品质量，需要定期向质量控制团队征集质量控制方案，并确定质量控制方案的最优组合，在资源与时间约束下实现各模块质量的改进，最大程度降低项目失败的

风险。实际上，航空装备研制项目质量控制的最优决策是
一个针对多模块供应商的多目标、多交互的复杂决策问题。
一方面，产品模块复杂，承担模块研制的供应商众多，各
模块流程复杂且对最终产品的贡献度存在差异；另一方面，
可供选择的各模块质量控制方案各异，彼此存在联系或存
在资源和时间限制的冲突，因此，需要从模块集成商的角
度确定各模块的质量控制问题。根据产品模块化设计的原
理，各模块本身也是由许多子模块构成的，模块提供商也
需要对各子模块的质量控制方案进行优化决策，并根据项
目实际运行情况提出质量改进方案。所以，航空装备研制
项目的质量控制实际上是经历模块的选择，模块供应商的
确定，各模块质量控制方案的多级优化决策及改进等过程
的模块化质量控制问题，这需要建立有效的方法体系。
QFD 方法从顾客源头分析，在设计阶段开始进行质量规划，
能够有效用于产品研制，提高产品质量和可靠度，其基本
原理就是通过构建质量屋，量化分析顾客需求与工程措施
间的关系度，经数据分析处理后找出关键措施，从而指导
设计人员抓住主要矛盾，开展稳定性优化设计。同时，
QFD 方法在最优方案选择及跨部门流程管理方面有重要作
用。QFD 的功能特性对航空装备研制项目的模块化控制具
有适应性。因此，开展基于 QFD 的多层级的质量控制过程
与方法研究是解决航空装备研制项目模块化质量控制问题
的重要途径。

　　基于以上认识，本书引入模块化管理的思想，改进传

统的 QFD 方法，设计新的理论分析平台，即根据航空装备研制项目的特点，将质量屋分析平台从二维平面扩展到三维空间、扩展构建二维质量屋、多维质量屋，从型号研制项目模块化过程的角度展开对模块化质量分解、模块化质量选择、模块化质量控制问题的研究，通过模型构建，优化决策方案，形成系统的模块化质量控制方法，并通过某航空装备项目的仿真研究，以验证所提模型和方法的有效性，最后提出模块化质量改进的策略方案，结合航空装备研制项目的特征，结合航空装备的模块化质量控制及产业协同的关联性，解决以下关键科学问题：

（1）航空装备研制项目模块化质量特性研究。航空装备研制项目的高技术性、高复杂性及结构模块化特征，决定了各模块的质量特性识别与分解的复杂性，需要识别其模块质量的要素结构及质量特性需求。

（2）航空装备项目模块化质量选择方法研究。航空装备研制项目存在多级模块供应商，其质量控制增加了复杂性，项目的质量控制必须选择合适的供应商及质量功能小组，行为主体的选择实质为模块化质量的选择，本书从质量特性需求考虑，研究模块化质量的匹配问题。

（3）航空装备项目模块化质量控制的建模、优化与仿真。航空装备项目的模块集成商或模块供应商之间形成了多级决策的控制网络，模块内部的质量控制实际为传统企业的质量管理问题，模块之间的质量控制方法优化决策则是项目有效控制的关键。本书通过模型的构建、优化，并结合实例仿真研究解决航空装备项目的多层级质量控制问题。

（4）航空装备项目模块化质量控制的可操作性问题。由于航空装备项目模块化质量控制的复杂性问题，在实际中应遵循一套可操作的方法体系，需要进行质量改进研究。因此，基于过程与组织设计的模块化质量改进方案研究要结合实例情况进行探索。

（5）航空装备模块化质量与产业协同创新的影响机制。航空装备的模块化质量对产业协同创新存在影响，航空装备产业全面协同创新存在着重要的前提、背景及影响因素，并有其内在规律性，影响因素和规律性决定了创新驱动发展的方向。

（6）航空装备产业协同创新的系统模式。协同创新发展战略是个系统工程，需要系统考虑输入因素，包括全产业链、全要素及全过程创新驱动在内的多个角度研究其系统模式，为航空装备产业发展的实践提供理论指导。

（7）全面协同创新的具体措施和对策研究。在影响机制和系统模式的研究基础上，提出航空制造产业全面协同创新的具体措施，并结合国家航空制造重大项目的实际情况进行分析，以理论分析与对策研究相结合的方式指导具体实践。

1.3 研究框架

1.3.1 研究内容

全书的框架结构共分为 9 章。第 1 章为绪论，介绍本书研究背景与意义，分析国内外研究现状并提出所需解决的问题，提出本书研究目标与研究内容，介绍全书的研究方法，理顺全书的逻辑结构，并提出本书的创新之处。第 9 章为结论及展望，概括全书的主要结论，总结全书存在的不足，并展望需进一步解决的问题。其余 8 章为本书的主体内容，即本书重点阐述的模块化质量控制的四阶段模式，以及航空装备产业协同创新发展的模式与策略。

（1）航空装备模块化质量控制的"四阶段"模式。基于模块化思想以及对质量的理解，在分析航空装备研制项目特点的基础上，研究其模块化质量控制的"四阶段"模式，即"模块化质量分解——模块化质量选择——模块化质量控制——模块化质量改进"，详细内容见本书第 2 章至第 5 章的内容：

第 2 章围绕航空装备研制项目模块化质量分解进行研究。模块化是一种处理复杂系统分解成为更好的可管理模块的方式。在航空装备系统的结构中，有许多具有界面结构特性的模块组成。本章首先界定模块化质量的内涵及项目模块化的内涵，分析航空装备研制项目的特点，针对某航空装备研制项目，利用层次分解法（Bill of Material，BOM）构建航空装备研制项目结构模型，刻画产品模块、组织模块及流程模块结构，并通过分析项目模块化设计过程，建立产品研制项目模块化程度和敏感度模型。并应用BOM 法对某产品研制项目的业务活动进行模块化分解。

第 3 章为航空装备研制项目模块化质量选择研究。分解后的模块形成了航空装备研制项目的具体任务，具有不同质量特性的模块由不同的模块供应商完成，模块供应商的选择问题是关键。本章在分析航空装备研制项目模块化质量特性的基础上，基于其模块化质量匹配问题的多维度特性，改善传统二维质量屋，构建包含产品质量、合作需求以及服务需求的多维度模块化质量屋。基于多维质量屋评价方法，构建模块供应商评价函数；基于相似度函数和豪斯多夫距离方法并结合梯形模糊算法，确定各维度的权重值；采用加权法，对模块化质量匹配方案进行优度排序。

第 4 章围绕航空装备研制项目模块化质量控制方案决策问题进行研究。航空装备模块供应商及模块质量小组确定后，模块集成商将定期征集模块化质量控制方案，而产品及组织的复杂性决定了方案的多样性与层级性，该问题是一个多层级优化控制问题。本章基于航空装备研制项目的特点，定义各级模块质量控制方案的改善率，从项目整体改善目标、模块化质量改善目标以及资源控制三个目标出发，提出一类项目模块化质量控制方案的多层级多目标决策模型。并通过实例分析证明决策过程的有效性。

第5章为航空装备研制项目模块化质量改进流程分析。本章主要针对航空装备研制项目的质量特性，结合其特点，构建了模块化质量改进的RSCD循环图。结合以上提出的模型和方法，研究装备调查分析阶段、模块化质量选择阶段、模块化质量匹配阶段的发现问题和解决问题的方法，最后提出综合的质量改进方案并构建了RSCD具体循环流程图，为航空装备研制项目的模块化质量改进提供了改进流程思路借鉴。

（2）航空装备产业的协同创新发展。针对航空装备模块化质量与协同创新的内涵，研究其内在关系、发展模式及发展策略，详细内容为本书第6章至第8章的内容。

第6章为模块化质量与产业协同创新的关系研究。研究了航空装备产业协同创新联盟的组织体系，分析了航空装备的服务型制造价值创造空间，构建了航空装备服务型制造网络的模块化质量协同模型，研究航空装备产业协同创新的模块化质量协同问题。

第7章为航空装备产业协同创新模式研究。针对航空装备发展的价值链结构模块化，从模块化质量与服务型制造的视角，提出构建全产业链、全要素、全过程与模块化协同的"三全一协同"全面协同创新发展模式并进行案例分析；针对航空装备产业发展的组织管理模块化，提出包含技术模块、产品模块、服务模块及组织模块的模块化协同创新发展模式并进行实证分析。

第 8 章为航空装备产业协同创新发展策略研究。从服务型制造、模块化质量协同创新、全面协同创新的视角提出我国及江西省航空产业协同创新发展策略与路径。

1.3.2　研究方法

（1）调查分析法。航空装备研制项目具有风险性及探索性特征，调查分析在整个项目研制过程中至关重要。调查分析贯穿项目研究的整个过程，尤其是模块化质量分解与模块质量分解与模块质量改进两个阶段，需要对型号项目的特性、顾客需求、质量特性以及国内外研究现状等问题进行调查分析。

（2）HOQ 扩展研究方法。对 HOQ 进行改进，构建模块多维质量屋及质量屋网络模型，研究项目模块与模块供应商的匹配选择。

（3）规划模型研究方法。本书通过建立整数规划模型及多目标规划模型，对供应商的质量控制方案进行决策，优化质量控制方案。

（4）计算机仿真研究。由于建立的模型本身的复杂性以及航空装备项目的高技术性和高保密性特征，本书通过模型求解算法设计，进行计算机仿真求解。

（5）系统模式研究方法。基于系统工程的思想，进行系统要素分析，构建"三全一协同"的系统模式，即从全产业链、全要素、全过程及模块化协同全面研究航空制造产业创新驱动发展问题。

（6）调查与案例研究方法。将分析航空制造产业的现状，调查分析我国航空制造产业在全球价值链中的位置；应用典型案例研究，分析江西航空制造产业的协同创新发展问题。

1.3.3 主要创新点

本书的创新点主要归纳为如下三点：

（1）提出了航空装备模块化质量控制的四阶段模式。针对航空装备研制的流程模块化，提出了"模块化分解—模块化质量选择—模块化质量控制—模块化质量改进"四阶段模式，并通过多维HOQ的扩展和多层级多目标模型的构建，实现了项目模块与模块供应商的及项目模块与质量控制方案的匹配。最后以某航空装备研制项目为例进行分析，将理论与实际相结合，设计了质量改进的RSCD具体循环流程。

（2）从服务型制造视角分析航空装备模块化质量与产业协同创新的关系。对航空装备制造的组织模块化，研究了航空装备产业协同创新联盟的组织体系，分析了航空装备的服务型制造价值创造空间，构建了航空装备服务型制造网络的模块化质量协同模型，研究了模块化质量控制对航空产业协同创新的影响机理。

（3）提出了航空装备转型发展的产业协同创新模式及对策。针对航空装备发展的要素模块化，从模块化质量与服务型制造的视角研究航空装备产业的协同创新问题，提出构建全产业链、全要素、全过程与模块化协同的"三全一协同"的航空装备产业全面协同创新发展模式以及模块化协同创新发展模式，并分别对我国及江西省航空产业发展提出具体对策。

第2章 航空装备项目的模块化质量分解

航空产品的研制活动由于具有新技术、新工艺等特性，因此经常会出现企业内部不能实现资源利用最大化、模块化资源分布不均的问题。为提高航空产品研制的项目模块化程度，提高部门间的配合度，提高产品的研制能力，需要对复杂产品研制的项目模块化特点进行分析。

研究航空装备研制项目的模块化质量分解，首先要界定模块化质量的内涵及项目模块化的内涵。本章通过分析项目模块化设计过程，建立产品研制项目模块化程度和敏感度模型，并应用 BOM 分解法对某产品研制项目的业务活动进行模块化分解。依据分解后的产品研制的项目模块，通过对其模块化程度和敏感度进行仿真，发现产品研发模块的模块化程度较低，即该模块内包含有较多的特质模块使得模块间协同度较低；流程外包模块对特质模块数目的增多最为敏感。最后根据模块化程度函数对产品研制项目的模块化组织管理提出相关策略。

2.1　模块化质量及项目模块化的内涵

2.1.1　模块化

对于模块这一概念，引用最多的是青木昌彦的定义：指可组成系统的具有某种确定独立功能的半自律性子系统，可以通过标准化的界面结构，与其他功能的半自律性子系统按照一定的规则相互联系而构成的更加复杂的系统。

自 1997 年 Baldwin 和 Clark 提出模块化的概念，模块化已经逐渐应用至各个领域，并且在经济发展中发挥了重要作用。由于信息的快速更新以及价值链的不断变化，产生了新的生产方式和组织管理模式，尤其是随着近几年服务业与制造业的不断融合发展，模块化在生产和管理领域被应用得越来越广泛。模块化的应用主要体现在组织机构的模块化和产品的模块化。企业通过组织内部的模块化，将整个系统分为若干个既可独立运行，又可及时共享信息的单元，使得各模块单元与节点企业相互独立，独立模块可以根据现实情况自由选择进入或退出。Schilling 和 Steensma (2001)[81] 认为通过模块化设计连接松散的组织形式，有利于获得战略弹性，增强企业的创新性。雷如桥等 (2004)[82] 通过对企业组织一体化以模块化组织的对比发现，模块化集群的网络组织具备，因此其整合的产品也具有很强的创新性。最大的模块化自由选择度的组织能够有效提高企业组织管理的效率。对于产品而言，模块化思想主要体现在产品的生产过程设计上，通过模块化设计，产品的生产活动更加有序。目前有不少学者从不同角度对产品的模块化分解做了研究。吕利勇等从产品生命周期的角度，提出了一种面向产品生命周期的产品模块化分解方法[82]；马飞和同淑荣等（2010）[83]基于模糊设计过程提出了产品设计过程模块化分解方法。

2.1.2 模块化质量

本书所指的模块化质量为：一组由产品或服务通过标准界面分解形成的产品模块或服务模块所具有的固有特性满足要求的程度[7]。对企业进行模块化质量控制就是首先对该产业进行生产或组织结构模块划分，找出影响各模块的关键因素，并通过协同配合，使得整个网络系统高效运行。模块化质量是产品或服务模块分解的动态结果，是产品或服务模块固有特性的表现形式。

2.1.3 项目模块化

产品研制项目自20世纪70年代至今，已经进入成熟阶段。随着大型复杂产品进入全球化生产和服务阶段[84,85]，产品研制活动不再由单个企业独立完成，而是通过成立专门的服务部门，与供应商集成开发，降低研制成本，提高服务质量。复杂产品的全球化生产方式加大了组织管理的复杂度及难度，为了使得不同管理部门间相互合作，密切配合，很多大型产品研制商开始对组织进行模块化分工管理。曹虹剑等（2010）[9]研究了模块化柔性契约网络模型，认为各经济主体的融合能够使得整个网络组织获得最大效益。

项目通常指一系列独特的、复杂的并相互关联的活动，这些活动有着一个明确的目标或目的，必须在特定的时间、预算、资源限定内，依据规范完成。传统的研制项目一般只局限于项目研制组的活动。为有效控制复杂产品开发的产品质量、成本、风险等问题，必须对项目研制模块中所涉及的活动、设计方案、生产管理、组织与人员、程序流程等进行综合规划与管理，从而实现资源的最优化以及组织机构的协调配合。

本书的产品项目模块化主要指在一项新产品研发活动中，与之相关的包括组织管理、产品研制、流程外包等一系列活动，例如，在复杂产品研制项目中会涉及金融服务、生产、流程外包、产品的研发设计等多个模块。因此本书中的产品研制项目模块化是一个较为广义的含义，不局限于新产品某个部件的研制，而是与产品研制项目相关的一系列活动、组织以及流程等的模块化。

2.2 航空装备项目模块化设计过程

2.2.1 项目模块化形成

青木彦昌认为，模块是指半自律性的子系统，通过和其他同样的子系统按照一定规则相互联系，从而构成的更加复杂的系统或过程。模块化是以模块为基础，综合通用化、组合化、系列化的特点，解决复杂系统类型多样化、功能多变的一种标准形式。模块化的生产方式可以降低子模块之间的知识关联，进一步降低成本中的协调成本。企业通过运用模块化思想，在考虑产品生产接口间的耦合度前提下，运用 ECRS 原则，重构产品生产流程，简化、取消或合并不必要的生产环节，降低生产和设计成本，同时使每个子单元相互独立，降低维护成本，实现产品生产模块化；另外，企业通过寻找合适的供应商，实现模块化生产外包，是产品模块化的另一表现形式。对研制项目的进行模块化管理，有助于增强产品的创新能力。

产品生产的模块化使得企业组织有了模块化的倾向，同样具有复杂特性。企业根据价值取向以及资源的协同利用，通过制定有效的标准模块界面，创建虚拟交流平台，建立标准的量化评估机制，替代旧有的层级式松散组织管理模式。产品的研制项目小组根据产品的模块化特点，根据产品的研制需求，逐步进行研制项目的模块化分解（如图 2-1 所示）。

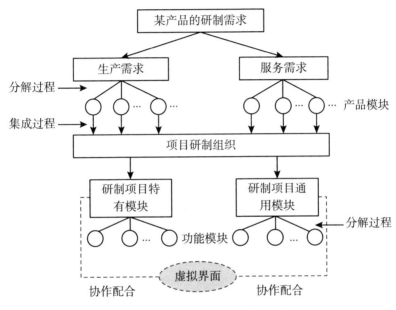

图 2-1　项目模块化的形成

如图 2-1 所示，在进行新型产品研制时，会出现新的业务活动即新的模块，总结起来，其主要包含以下内容[85]：

（1）标准模块（标准流程模块或标准业务模块）。这类模块是在企业进行新型产品研制前就存在，其产品模块已经实现该行业的技术标准，并且提供该产品的供应商已经能够学习该生产方式。另外，该种模块与其他相关联的模块间已经存在较为协调的接口衔接。其模块的管理及业务活动已经成熟化，模块内部的管理成本已经尽量优化并且实现规模经济。但是，这种模块对服务集成企业来讲，易被竞争企业学习，即可复制能力强，并不具有竞争力。

（2）特质模块（特质流程模块或特质业务模块）。特质模块一般包含新的技术开发，因此新产品的研制和生产可能会存在技术风险，该类产品的生产和管理成本较高，与其他模块间的衔接不够紧密。特质模块也可能是新进入企业内部的业务组织模块，资源协同率不高，即该模块与其他模块组织尚未达到较高级的协同态，因此企业组织内部需要重新考虑资源协同配置问题，合理进行模块组织管理。但是该类模块由于其具有新的特质性，因此在短期时间内不容易被竞争者学习，在企业内部具有核心竞争力。

（3）接口。大型航空产品研制项目一般需要金融、保险、物流等生产性服务保障，以及生产流程外包供应商、技术服务等服务性生产支持。不同模块间为了实现信息的及时传递，降低协同成本，模块间通过虚拟界面，即接口存在不同程度的关联。节点间的模块可以实现资源共享、共同开发、生产研制产品，提高产品的生产和服务质量。一个模块的接口数量越多，说明这些模块内部的协同度越高，即模块耦合度越好。

2.2.2　基于BOM的项目模块化设计过程

企业经常从产品的生命周期、零部件之间的关联强度、生产工艺等方面对产品的结构进行模块化设计。其中依据零部件之间的关联度进行产品模块划分是对复杂产品进行模块化管理较为常见的方法。物料清单（bill of material，BOM）又称为产品结构模型，通常用来描述产品与零部件的关系。BOM 最初是对物料按照功能进行层次划分，使得父项与子项的需求关系明确化。按照用途分类，BOM 可分为工程 BOM（EBOM）、计划 BOM（PBOM）、制造 BOM（MBOM）等多种形式。

　　航空产品的研制项目所涉及的领域较为宽泛，包含从市场调研、产品研制、材料选择、试生产、金融支持等一系列活动，任务较为繁杂，容易出现不同部门由于不能及时实现信息及时沟通及资源共享而导致的工作进展不畅。充分考虑不同工作流程的特点及关联性，并依据产品的结构树对其进行研制项目活动的模块设计，具体过程如图 2-2 所示。

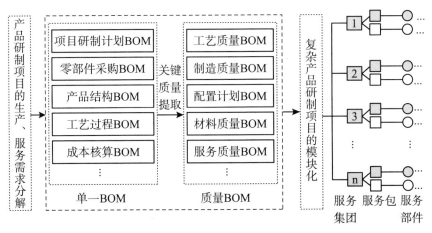

图 2-2　产品研制的项目模块化设计过程

2.3　航空装备项目的流程模块划分方法

2.3.1　功能分解

根据产品研制需求及组织功能，可将组织涉及的流程结构自顶层向下进行分解，直至分解到每一个子模块都能独立执行，在流程的功能结构上，称为服务部件或某种功能活动。

如图 2-3 所示，A 代表较高级的功能模块，该模块又可划分为 a_1 和 a_2 两个功能模块，此时可称 A 为 a_1 和 a_2 的父项功能模块；根据组织活动和功能，a_1 子功能模块又可细分为 b_1 子模块，a_2 又可细分为 b_2 子模块，其中 b_1 的功能模块 a_2 具有较多的交互信息，为了便于信息交互，在 b_1 和 a_2 之间建立信息交互平台，即模块之间的接口。

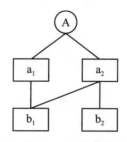

图 2-3　流程模块功能分解示意图

2.3.2　定义相关矩阵

在项目研制过程中，任意两个开发项目模块都分别对应两个项目管理小组，为了实现项目总体目标，项目小组之间会涉及交互管理信息，即模块间的联系信息流。并且模块间的联系信息流会随着一个模块内的业务活动中所包含的特质模块数目的增多而增大。当一个项目中的流程所包含的特质模块越多时，其模块内部的联系信息流越复杂。基于此，本书从模块化程度角度来判断企业的流程管理能力与研发能力的匹配程度。基于流程间的各模块的功能强度和联系信息流强度，确定模块间的接口数目。

2.3.2.1　功能相关度矩阵的计算

功能分解首先采用物料清单（BOM）结构方法，依据各项目流程的功能，逐层划分，直至不能再分成可独立运行的功能模块。Mikkola 和 Gassmann（2003）[86]定义模块 i 和模块 j 之间的功能相关度为 r_{ij}。设 i 和 j 到距离最近的公共父功能的距离分别为 d_i，d_j，令 $x = \dfrac{1}{2^{d_i + d_j - 2}}$，则

$$r_{ij} = \begin{cases} x & x \geqslant 0.25 \\ 0 \end{cases} \qquad (2.1)$$

其中，d_i，d_j 分别为模块 i 和模块 j 到距离最近的公共父功能的级数。功能相关度函数具有以下性质：$r_{ij} = r_{ji}$；$r_{ij} \in$

[0，1] 从关系式中可知：当 $i \neq j$，且 $r_{ij} = 1$ 时，说明模块 i 和模块 j 处于同一层级，且其相邻上级的父项功能模块相同。即此时，$d_i = d_j = 1$；当 $i \neq j$，且 $r_{ij} = 0.5$ 时，说明模块 i 和 j 上下层级关系，并且距离其公共父项功能模块的最远距离为 2。

2.3.2.2 信息关联度矩阵计算

在复杂产品研制项目过程中，不同的研制项目模块对应不同的分工，由不同的组织管理者负责。而这些不同的流程模块为了完成共同的目标，就涉及相互间的信息交互。模块间的信息关联度主要从两个流程模块间对于完成共同目标的信息交互程度来分析。如果一个项目流程模块的运行管理对另一个流程模块具有密切的信息交互，那么在两个流程模块间就应该构建信息交互接口。本书应用语义表达模块间的信息关联度，建立信息关联性的不同语义尺度与三角模糊数的映射关系，如表 2-1 所示。

表 2-1　　　　　　　　信息关联性语义表达

关联关系的语义表达	关联关系的三角模糊数表达
两个项目流程模块对完成共同目标所需要的信息资源高度一致	(0.8，0.9，1)
一个流程开展对另一个流程的运行具有较强的信息协同性	(0.6，0.7，0.8)

续表

关联关系的语义表达	关联关系的三角模糊数表达
一个流程开展对另一个流程的运行具有一般的信息协同性	(0.4, 0.5, 0.6)
一个流程开展对另一个流程的运行具有较弱的信息协同性	(0.2, 0.3, 0.4)
一个流程开展对另一个流程的运行基本不存在信息关联性	(0, 0, 0.25)

采用三角模糊群决策进行语义评价。专家 t 对模块 i 和模块 j 的联系信息流评估值为 $\overline{f_{ijt}} = (f_{ijt}^l, f_{ijt}^m, f_{ijt}^r)$，其中 f_{ijt}^l，f_{ijt}^m，f_{ijt}^r 分别为三角模糊值 $\overline{f_{ijt}}$ 的左边值、中间值和右边值。设共有 p 个专家，则模块 i 和模块 j 的联系信息流的综合模糊评估值 $\overline{f_{ij}}$ 的左边值、中间值和右边值可分别表示为[87]：

$$f_{ij}^l = \min_t \{f_{ijt}^l\}$$

$$f_{ij}^m = geomean\{f_{ijt}^m\}$$

$$f_{ij}^r = \max_t (f_{ijt}^r)$$

其中，t = 1 ~ p；$geomean\{f_{ijt}^m\}$ 表示 p 个专家对模块 i 和模块 j 的联系信息流评估值的中间值 f_{ijt}^m 取算术平均值。采用均值面积法，可将三角模糊数最终转化为确定的评估值 f_{ij}，其公式表达为[87]：

$$f_{ij} = (f_{ij}^l + f_{ij}^m + f_{ij}^r)/4 \tag{2.2}$$

设其联系信息流的阈值为 λ，当 $f_{ij} \geq \lambda$ 时，说明模块 i 和模块 j 的信息联系较为密切，即模块 i 的组织运行与模块 j 的组织运行具有较为密切的信息协同性。

2.3.3　模块合并与接口建立

在模块合并时，与 Mikkola 和 Gassmann（2003）[86] 的产品功能元合并方法不同，不同级别的产品功能元由于其功能的相关性，在制造和装配过程中，可以考虑合并为一个模块。而复杂产品的流程通常涉及多个企业或部门，其任务等级的差异性决定了不同层次的流程模块不同合并。例如，同一层次的流程模块由其功能和信息的高度关联性，可以考虑合并为一个模块；而不同层级的流程模块所包含的任务等级不同，其涉及的企业、部门或服务的等级都不相同，因此只有相同级别的流程模块才能合并。又考虑到下级模块与其非父项功能模块间仍可能存在着较为密切的信息协同，需要建立信息交互接口。因此定义信息模糊综合评价的阈值为 λ，并据此给出如下模块合并及接口建立准则：

（1）当 $i \neq j$，$r_{ij} = 1$ 且 $f_{ij} \geq \lambda$ 时，模块 i 和模块 j 可以合并为同一个模块。

（2）当 $i \neq j$，$r_{ij} = 0.5$ 且 $f_{ij} \geq \lambda$ 时，模块 i 和模块 j 应构建信息交互接口。

2.4　项目流程模块化程度及敏感度分析

项目组织划分要根据组织的实际管理能力与研制能力相匹配。当产品研制力度过小，会使得内部资源造成浪费；当研制力度过大并且与企业实际管理能力不相匹配时，会造成由于管理方法和管理能力问题而导致的项目不能顺利开展或出现质量问题。为此本节依据 Mikkloa 提出的产品模块化程度函数[88,89] 和敏感度函数，并通过求导，判断模块化程度的变化规律，求出项目流程模块化程度变化的拐点。

2.4.1　模型构建

依照上节模块划分方法，假设划分后的模块共包含 n 个模块。在企业实际活动中，部分模块并不是标准的特质模块或标准模块，它可能既包含标准模块的特性，也包含特质模块的特性。为方便研究，本书假设模块只由两类构成，即标准模块和特质模块，构建以下模块化关系式，符号说明如表 2－2 所示。

表 2 – 2   符号说明

符号	含义	符号	含义
n	模块总数	k	接口数
α	标准模块数	M(β)	模块化程度函数
β	特质模块数	η	模块敏感度函数
δ	模块总耦合度	s	模块的可复制因子
i	第 i 个模块，i = 1，2，…，n	δ_i	模块 i 的耦合度

其中：

$$n = \alpha + \beta \tag{2.3}$$

$$s = n/k \tag{2.4}$$

假设某模块 i 内包含有 j 个子任务模块，则该耦合度 δ_i 可表示如下[89]：

$$\delta_i = \frac{\sum_1^j \delta_j}{j} \tag{2.5}$$

所以总的模块耦合度为

$$\delta = \frac{\sum_1^n \delta_i}{n} \tag{2.6}$$

模块化程度函数

$$M(\beta) = e^{-\beta^2/2ns\delta} \tag{2.7}$$

模块化程度最好的情况下，$M(\beta) = 1$。

敏感度函数 η 为

$$\eta = \frac{-\beta^2}{ns\delta} \tag{2.8}$$

2.4.2　模型分析

从以上公式可以得出以下分析结果：

（1）模块的耦合度只与该模块内的接口平均数相关，即流程模块的接口平均数越多，耦合度值越大，说明模块间的协作性越强。

（2）当特质模块数目固定时，同等模块数量情况下，模块内的特质模块数目越多，流程的模块化程度越低，即模块化水平越低。模块化程度最大为1，此时模块内部没有特质模块，即模块间完全标准化。

（3）模块的敏感度为负值。当模块总数相同时，模块内部的特质模块数目越多，模块对特质模块数目的变化就越敏感，即风险性越大。此时模块的稳定性较差，需要管理者及时调整管理对策，合理安排信息等资源管理，降低模块的敏感度。从公式可以看出，模块的敏感度的绝对值还与其耦合度成负相关。即当模块内部存在较高的耦合度时，其对特质模块数量变化的敏感度就会降低。

（4）从公式（2.7）可以看出，流程的模块总数、特质模块数、模块的可复制度及耦合度都会影响模块化程度值。因此，当由于市场需求等使得企业无法降低特质模块数时，要通过整合模块数目，提高模块的耦合度等方法提高组织的流程管理能力，使之与现有的研制需求相匹配。

下面分析当n，s，δ固定时，特质模块数目变化对组织模块化程度及其敏感度的影响。

2.4.2.1　流程模块化程度分析

当项目组织的模块划分好后，模块的接口数是已知的，为了分析随着特质模块的增多，模块化程度的变化，对其模块化程度进行一次求导，对 β 变量求偏导：

$$\frac{dM(\beta)}{d\beta} = \frac{d(e^{-\beta^2/2ns\delta})}{d\beta} = \frac{-\beta}{ns\delta} \cdot e^{-\beta^2/2ns\delta} \qquad (2.9)$$

由于 $\beta > 0$，因此其一阶导数小于 0，即模块化程度随着模块内的特质模块数目增多而降低。

由公式（2.6），对 β 变量求二阶偏导数可得，

$$\frac{d^2M(\beta)}{d\beta^2} = \frac{\beta^2 - ns\delta}{(ns\delta)^2} \cdot e^{-\beta^2/2ns\delta} \qquad (2.10)$$

由此可知，当 $\beta^2 = ns\delta$ 时，此时是模块化程度变化的拐点。

当 $\beta^2 > ns\delta$ 时，函数为凹函数，此时模块化程度下降的速度逐渐减缓。

当 $\beta^2 < ns\delta$ 时，函数为凸函数，此时模块化程度下降的速度越来越快。

2.4.2.2　流程模块化敏感度分析

对公式（2.5）进行一阶求导，对 β 变量求偏导：

$$\frac{d\eta}{d\beta} = \frac{d(-\beta^2/ns\delta)}{d\beta} = \frac{-2\beta}{ns\delta} \qquad (2.11)$$

由一阶偏导得知，模块的敏感度函数为减函数。当接口数不发生变化时，即随着特质模块数目的增多，模块的敏感度值越来越小，即其值的绝对值越来越大，也即模块

的敏感度越来越高，此时随着特质模块数目的增多，流程
模块的运行风险性随之增大。

对敏感度函数求二阶偏导得：

$$\frac{d^2\eta}{d\beta^2} = \frac{-2}{ns\delta}$$

由于 n，s，δ 均大于 0，由此可知，二阶偏导数为负
值，即模块的敏感度函数为凸函数。因此，项目组织模块
的敏感度值随着特质模块数目的增多，其敏感度值上升的
越来越快。

2.5　案 例 分 析

2.5.1　某航空产品研制的项目流程模块化分解

本书以某航空产品研制项目为例，按照第 2.3.2 节所
示项目流程模块划分方法，对产品研制项目的组织活动进
行模块化分解，具体步骤如下：

步骤一，项目流程的功能分解。依据该产品研制项目
的特性和原有经验，按照产品结构树的方法，对项目流程
进行功能模块划分，此时模块总数较多。

步骤二，确定流程模块的功能相关度矩阵。根据分解后
的功能模块结构关系，确定相关模块与其公共父项功能模块的
距离，依据公式（2.1）计算分解后的模块功能相关度 r_{ij}。

步骤三，确定流程模块的信息关联度矩阵。邀请航空项目研制企业的 3 位专家对相关流程模块的信息关联的协同性进行语义评判，并给出三角模糊表达，依据公式（2.2）计算模块信息关联度 f_{ij}。

步骤四，项目流程模块的合并与调整。根据区间评估法，由步骤三中的 3 位专家评判进行，确定阈值 λ，依据第 2.3.3 节中给定的模块合并与接口建立方法，比较 λ 与 f_{ij}，调整项目流程模块数量与接口数量。

经分解后，该项目研制流程的功能模块划分为 4 个层次，如图 2 - 4 所示。

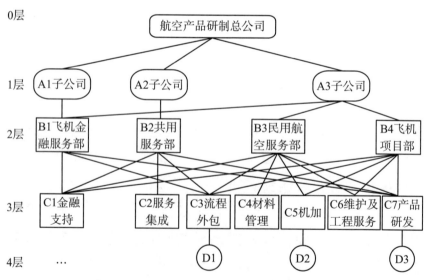

图 2 - 4 某航空产品研制的项目模块化分解

2.5.2　航空装备项目模块化模型分析

一般来说，较高层级的流程模块主要是对全局进行宏观把控，具体的任务通常由较低层次的流程模块完成。本节仅对第三层的部分模块进行分析，其他层次的流程模块分析类似。

2.5.2.1　模块化程度分析

以产品研发模块为例，通过对其业务活动的认识和分析，其研发流程主要包含市场分析、结构设计、试验、制造、试飞等主要活动，划分为 15 个功能子模块。根据新产品研制的特性，其中工艺设计、试制、总体设计、结构设计等具有新型技术和新工艺需求，因此在现有条件下，该研制模块中共有 4 个特质模块，即工艺设计、试制、总体设计、结构设计。依据现有组织结构，其功能接口和信息接口数共 23 个（如图 2 - 5 所示）。

$$\alpha = 11，\beta = 4，k = 23$$

依据公式（2.3）~ 公式（2.5）可计算得出，

$$s = 0.65，\delta = 2.86$$

根据公式（2.6），该产品研发模块的模块化程度 M_{C_7}（β）$= e^{-\beta^2/2ns\delta} = 0.751$。

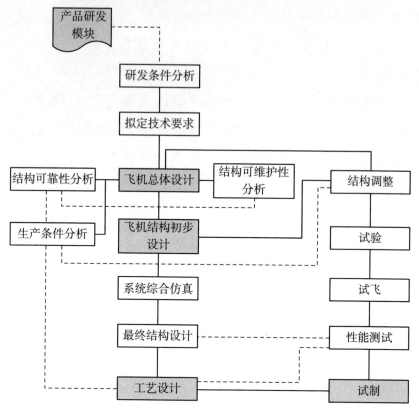

图 2-5　研发流程模块

按照同样的方法可以算出其他模块的模块化程度值：

$$C_3: \quad \alpha = 12, \quad \beta = 3, \quad k = 17;$$

$$s = 0.88, \quad \delta = 2.46; \quad M_{C_3}(\beta) = 0.871$$

$$C_5: \quad \alpha = 15, \quad \beta = 3, \quad k = 18;$$

$$s = 1, \quad \delta = 2.02; \quad M_{C_5}(\beta) = 0.884$$

由此可判断在现有流程模块管理状况下，C_5 的模块化程度最高，并且 C_5 模块的功能活动间耦合度较低，即流程间独立性比较好。模块化程度最低的是 C_7，说明产品研发模块在市场上具有较强的竞争力。从其耦合度数值可以看出，该模块的耦合度较高，这是因为新的流程模块还未形成完善的作业能力和管理制度，需要其他模块协作配合才能完成任务。在现有管理能力下，即当接口数目和总模块数目固定时，观察当特质模块数目增多时，其模块化程度的变化，如图 2-6 所示。

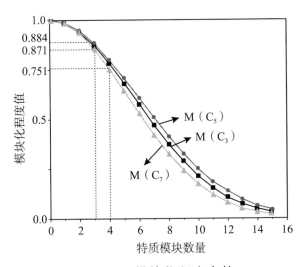

图 2-6 模块化程度走势

从模块化程度走势曲线可以发现，当项目流程的特质模块数量增多时，三个模块的模块化程度均下降。

对于 C_3 模块，根据第 2.4.2.1 节分析结果，令 $\beta^2 = 2ns\delta$，可得 $\beta = 8.06$，接近 8，而特质模块数目值应为整数，因此取为 $\beta = 8$ 为 C_3 模块化程度变化的拐点，有如下

变化趋势：

（1）当 $0 \leqslant \beta \leqslant 8$ 时，$\beta^2 < 2ns\delta$，即此时，C_3 模块的模块化程度函数为凸函数，即模块化程度随着特质模块数目的增多，模块化程度下降速度会越来越快。

（2）当 $\beta > 8$ 时，$\beta^2 > 2ns\delta$，此时模块化程度函数为下降的凹函数，即当特质模块数目继续增多时，模块化程度下降速度开始缓慢。

同样地，对于 C_5 模块，当 $\beta = 8$ 时，此时该模块的模块化程度下降最快；对于 C_7 模块，$\beta = 7$ 时，该模块的模块化程度下降最快。

从图 2-6 可以看出，当特质模块数量增多时，C_5 的模块化程度曲线最为平缓，说明该模块即机加模块通过模块化分工及模块化管理，更能满足新型产品研制的需求。

模块化程度变化速度越快，说明特质模块数目增多对项目组织的运行及任务活动的进行影响变化越敏感。下面对模块化敏感度进行分析。

2.5.2.2　模块化敏感度分析

根据各模块的特点，依据公式（2.6）模块敏感度函数，对三个模块敏感度走势进行模拟，如图 2-7 所示。

从公式的二阶导数看，模块敏感度函数为凸函数，并且当 $\beta > 0$ 时，函数无极值点。从图 2-7 可以看出，当特质模块数目数量增加不多时，模块的敏感度较小，模块内部

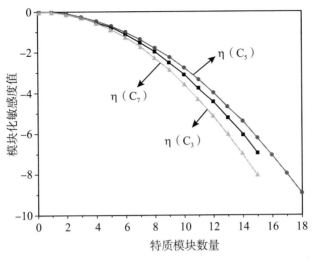

图 2 - 7　模块敏感度走势

仍能保持较高的配合度。当特质模块数量逐渐增加时，模块对特质模块数目的增长敏感度值逐渐上升。并且 C_7 产品研发模块表现出更大的敏感度，因此需要及时规避由于研发内容或业务过大带来的组织内部面临的研发成本风险；从图 2 - 7 中可以看出，C_5 模块的模块敏感度变化最慢，说明 C_5 模块的子模块间接口的连接具有高度紧密性，即使有新的特质模块增加，该模块的资源之间以及组织内部管理仍能保持较高级的协同状态，能够较好地应对由于新产品研发所需的流程管理要求。因此，当需要进行新产品研制时，企业应当优先控制产品研制模块和流程外包模块的接口管理和组织协调。

2.6 管理对策

对于产品研制项目，使得组织模块架构能力与新型产品研制需求相适应，模块间密切配合，对降低资源协调成本，提高产品核心竞争力具有重要作用。根据以上模块化程度走势图和模块敏感度走势图曲线变化趋势，机加模块的两种曲线走势相对于研发模块和流程外包模块较为平稳。一般情况下，大型复杂项目的生产组织具有较高度的柔性，能够应对新的生产技术和生产方式。因此本节仅给出对新型产品研制具有较高敏感性的流程外包模块和产品研发模块的管理策略。

2.6.1 研发模块的管理策略

研发模块在产品研制项目中占据核心地位，产品的设计及质量问题直接决定了产品的竞争力和项目的进程难易程度。一般情况下，由于研发部门需要考虑新的环境、设计方案、竞争能力等外界因素，因此具有较多的特质模块，导致模块内部接口间连接较为不紧密。在实际企业中，应当综合考虑企业在进行新型产品研制时的创新力度，合理进行模块划分和管理。

（1）当特质模块数目较少时，即当特质模块数目在拐点以内时，产品研发模块的模块化程度较高，并且对特质模块的数目增长敏感度不高。因此，企业组织内部可以考虑通过市场调研和与供应商之间探讨等一系列活动，合理开发新型模块，增加新型产品设计范围。例如，航空产品研制项目可以对除具有核心竞争力的复合材料开发、发动机研制以外的新型机翼设计、机舱内座椅舒适度、温度湿度调控等项目进行研究设计，提高产品的顾客满意度。

（2）当特质模块数目较多时，即其数目已经接近或大于拐点上值时，产品研发模块的模块化程度较低，此时产品研制模块对于特质模块的敏感度增大，即每增加一个特质模块，企业内部的管理成本和风险就可能会大大提高。此时企业要合理调控产品研制项目计划与内容，建立标准化管理方案，提高组织的模块化程度。例如，波音787项目组通过适当与供应商联合开发部分新产品，实现风险共担，降低企业的风险成本。

（3）当模块化程度变化速度接近或达到拐点时，模块化程度下降速度最快，说明此时情况下创新力度过剩，即流程的模块化管理能力已经极其不适应产品创新需求度。并且研发模块相对于其他模块表现出更强的敏感性，说明该类模块的模块组织柔性度不高。此时，管理者应当通过重新划分整合模块及其接口，并研究新的组织模块管理手段，提高模块的柔性度，以使得研制功能模块能够及时应对市场、信息变化等带来的影响。

2.6.2 流程外包的管理策略

目前复杂产品研制项目中的部分零部件生产和产品组装包括研制已经开始由研制企业与供应商联合，共同分担研发风险和成本。由于复杂产品研制项目需要综合考虑供应商的选择、模块业务外包成熟度、外包风险等诸多因素，因此，复杂产品研制企业应当根据企业实际情况，合理进行模块业务外包活动范围管理及业务活动配置。

（1）当流程外包模块的特质模块数量较少时，即在拐点值以内时，其内部模块化程度较高，模块间的协作性好。此时企业可通过模块业务外包成熟度分析及外包成本分析等，对适合外包的模块进行外包活动，降低企业的风险成本。例如，波音787项目组将机翼生产以及其他一些利润较小的非核心技术活动外包给供应商，一方面，实现了研发风险共同承担；另一方面，使得企业有更多的资源对利润空间较大的产品进行研制，增强研制企业的创新力度。

（2）当特质模块数量较多时，即接近或超过拐点值时，该功能模块的模块化程度降低，此时企业流程外包模块表现出对特质模块数目变化一般的敏感性，说明该类模块内部表现出较好的协同性，组织管理模块表现出较好的柔性。该种情况下，企业很有可能由于流程外包业务范围的过大化导致产品质量下降或对供应商的综合管理成本大幅提高。因此，管理者应当合理控制外包的范围，避免由于外包所导致的产品质量下降等问题。

（3）在实际工作中，企业应当找出产品研制功能模块外包的临界点，即模块化程度变化的拐点，及时进行外包活动分析及控制。

2.7 本章小结

本章基于复杂产品研制项目组织模块化分解应该综合考虑功能相关性和信息相关性两方面，从两个方面实现了组织模块的划分、合并及分层问题。通过分析产品研制项目的模块化程度函数和敏感度函数，得出了模块化程度取值高低的标准。其次，以某复杂产品研制项目的企业为例，通过对其组织功能模块的分解，并分析其模块化程度和敏感度变化规律，为模块化管理者提出了相应的管理策略：为了实现组织模块管理能力与创新能力相适应，其特质模块数目应该控制在拐点以内；为了降低组织模块的敏感度，应当提升组织模块的管理柔性度。本书的研究结果对复杂产品研制的相关企业在项目流程划分、模块化程度识别及模块能力匹配等方面提供决策帮助。

第3章 航空装备项目的
模块化质量选择

本章在分析航空装备研制项目模块化质量特性的基础上，基于其模块化质量匹配问题的多维度特性，改善传统二维质量屋，构建包含产品质量、合作需求以及服务需求的多维度模块化质量屋。根据各模块的质量需求和供应商信息，并考虑供应商因研发新产品所需具备的生产适应能力，基于多维质量屋评价方法，构建模块供应商评价函数；基于豪斯多夫距离公式及相似度函数，结合区间模糊计算法，确定各维度的权重值；采用加权法，对模块化质量匹配方案进行优度排序。最后针对某型号研制项目，分析其机体模块化质量匹配问题，验证了该方法的有效性。

3.1 项目模块化质量选择
问题的方法研究

项目模块化质量选择的实质是项目模块供应商的选择

问题。目前，航空装备研制项目主要采用"模块集成商—模块供应商"的研制模式，以模块集成商（主研制单位）为核心的战略企业联盟进行协同创新研制，各模块的质量取决于模块供应商的质量水平，所以模块供应商的选择在航空装备研制项目的整个过程中是关键环节。

航空装备研制项目存在多级模块供应商，因此增加了其质量控制的复杂性。供应商选择本质是一个多准则决策问题。杨卫平（2002）[19]认为航空装备研制项目管理有利于项目各子系统目标的控制和各子系统项目之间的协调以达到项目效益最大化。Dickson（2002）[90]通过大量的调查研究，提出了识别供应商的 23 条准则。陈瑾（2008）[91]以航空发动机维修为例，深度研究了供应商综合评价与选择方法。王颜新和李向阳（2009）[92]提出了多决策代理的质量屋，从多维度提出了企业合作的决策方案。刘远等（2012）[93]提出了一类复杂产品的供应商质量控制方案递阶决策模型，有利于辅助复杂产品主制造商更好地推广和落实质量控制问题。牟立峰和曹岩（2015）[94]认为供应商的选择问题不应仅考虑设计阶段之后的问题，而应从产品整体出发。

航空装备研制项目是大型复杂项目，其质量控制方法也相对复杂。赵晓慧和赵小苗（2002）[95]将模糊集合论的思想引入供应商评价中，证明了模糊决策方法的有效性。胡宏宇（2011）[96]基于不完全信息的供应商的评价方法进行了研究，为本书的模糊评价法提供了借鉴思路。

3.2 基于多维质量屋的项目模块化质量选择方法

3.2.1 基于项目模块化的供应商多维质量屋特性

航空装备研制项目的供应商选择不同于其他一般产品的供应商选择问题。航空装备研制项目属于大型复杂项目，产品的技术含量高，产品质量要求也更为严格。其产业链遍布全球，并包含多级供应商。航空研制项目的主制造商为了降低研制成本和风险，开始实现与具有研制能力的供应商共同担任产品的研制任务，实现降低企业额风险成本。其研制项目的外包活动通常可分为多个模块、并且每个外包模块又包含多个子模块，因此在对供应商选择时，除了按照供应商质量管理体系标准、供应商关键过程质量要求等准则进行评估，确定符合要求的供应商选择范围外，还要综合评价供应商参与研发设计能力、新工艺改善能力等。

从产品质量角度看，由于航空研制新型产品具有一定的风险性，其产品的具体研制及生产工艺还都不确定，因此项目主集成商不仅要严格控制产品的质量，还要综合评价供应商参与研发设计能力、新工艺改善能力等。从与供应商合作角度看，除了考虑供应商的供货能力、企业信誉外，还要考虑由于全球化因素导致的沟通问题及关系管理成本。从产品的服务需求层次看，外包供应商除了具备基本的服务水平以及服务周期外，还要具备由于面临高不确定性的服务灵活性以及由于地理位置分散导致的运输成本。以上三方面对供应商评价的重要程度不同，因此航空装备研制项目的供应商具有多维度特点。

3.2.2　基于项目模块化的供应商多维质量控制屋构建

QFD（quality function deployment）于 20 世纪 70 年代起源于日本，由日本的质量专家赤尾杨二（Yoji Akao）和水野滋（Shigeru Mizuno）提出，是一种通过相关规划矩阵将顾客或市场需求转化为产品的技术要求、零部件特性，工艺要求、生产要求的多层次分解配置方法方法。它包含一套有助于确定顾客的需求特征的矩阵，便于满足市场开拓以及方案的选择。模块主制造商在进行供应商选择时，需要考虑模块质量特性、产品的技术特性、供应商资源等。

多维质量屋的本质是将质量需求指标按照所属类别或领域进行分类，即针对不同的指标类别建立不同的 HOQ（house of quality），考虑不同类别的属性对最终决策具有不同的影响权重，并使得各个决策者能够在自身较熟悉的领域内充分利用知识和经验进行判断，避免了跨维度决策导致的非客观性[7]。

基于以上分析，本书设计如图 3 - 1 供应商多维质量屋。

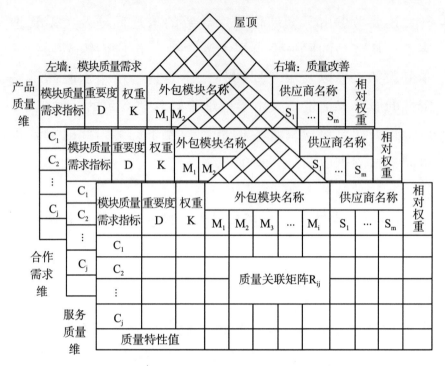

图 3 - 1 供应商质量控制屋

从图中可以看出，该质量屋主要包括：（1）左墙模块。模块的质量需求指标，用于外包模块或供应商需要具备的主要质量性能。（2）天花板模块。外包模块名称，主要用于描述模块主制造商拟外包的产品模块名称。（3）屋顶模块。用于描述不同模块间质量特性的关联程度。（4）右墙模块。不同竞争对手即供应商之间的信息。（5）房间。用于描述外包模块与质量需求之间的关联。（6）地下室模块。用于描述不同模块的质量特性重要度。

3.2.3　基于多维 HOQ 的项目模块化质量匹配步骤

第一步：构建模块供应商可选集。

假设有 m 个供应商，构成供应商集合 S 则有 $S = \{S_1, S_2, \cdots, S_m\}$。

第二步：子模块质量特性值计算。

假设某外包模块 M 包含有 v 个子模块，构建该模块所包含的评价指标集 U，其中 $M = \{M_1, M_2, \cdots, M_v\}$，且 $v \leqslant m$；$U = \{U_1, U_2, \cdots, U_u\}$。定义 M 与 U 的质量屋关联矩阵为 R_{xy}，其中 $x = 1, 2, \cdots, v$，$y = 1, 2, \cdots, u$。

则 U_y 的值标权重为：

$$W_{U_y} = \sum_{x=1}^{v} R_{xy} \Big/ \sum_{x=1}^{v} \sum_{y=1}^{u} R_{xy} \qquad (3.1)$$

则子模块的质量特性值 $K_M = \{K_{M_1}, K_{M_2}, \cdots, K_{M_v}\}$，其中

$$K_{M_x} = \sum_{y=1}^{u} R_{xy} \cdot W_{U_y} \qquad (3.2)$$

第三步：确定多维 HOQ 的指标权重值。

假设质量屋中指标需求 C 共分为 e 个维度，其中第；第 t 维度的一级需求指标为 $C_t(t = 1, 2, \cdots, e)$；且第 t 维度的二级需求指标共有 n 个，表示为 C_{tj}，其中 $j = 1, 2, \cdots, n$。可表示为：$C_t = \{C_{t_1}, C_{t_2}, \cdots, C_{t_n}\}$。

定义供应商与需求指标间的关联矩阵 R_{ij}，其中 $i = 1, 2, \cdots, m$，$j = 1, 2, \cdots, n$。设第 t 维度中的各指标重要

度为 D_t，且 $D_t = \{ D_{t_1}, D_{t_2}, \cdots, D_{t_n} \}$；t 维度指标重要程度的归一化向量为 K_t，其计算公式为

$$K_{t_j} = D_{tj} \Big/ \sum_{j=1}^{j=n} D_{tj} \qquad (3.3)$$

假设第 t 维度的供应商需要具备适应某种改善现状的能力，其每个供应商具备该属性能力评价值为 H_t，其中 $H_t = \{ H_{t_1}, H_{t_2}, \cdots, H_{t_m} \}$，定义 t 维度的供应商适应能力系数 SH_t，其中系数值越大，则该能力越强。其计算公式为：

$$SH_{t_i} = H_{t_i} \Big/ \sum_{i=1}^{i=m} H_{t_i} \qquad (3.4)$$

当第 t 维度无须考虑 SH_t 值时，此刻 $SH_{t_i} = 1$（$i = 1$，2，$\cdots$，m）。

第四步：确定各维度的模糊权重值。

（1）不确定语言和数值评价信息的表达。定义评语集 P，将评语集分为 q 个有序评价集，$P = \{ P_1, P_2, \cdots, P_q \}$（$a = 1$，2，$\cdots$，q）设 P 是不确定语言变量集合，A 是区间数集合，则有 P 到 A 的映射函数 $\varphi : P \rightarrow A$，其中 $\varphi(P_a) = [P_a^L, P_a^U] \in P$。设共有专家 d 位，其中 $z = 1$，2，3，$\cdots$，d，利用映射函数 $\varphi : P \rightarrow A$ 转化评价矩阵中的不确定语言变量，得出第 z 位专家的评价矩阵：$A^{(z)}$，转化后 $A^{(z)}$ 中的元素为区间值。

（2）基于豪斯多夫距离的相似度计算。定义均匀区间数 $A = [a^L, a^U]$ 和 $B = [b^L, b^U]$，可得均匀区间数之间的经典豪斯多夫距离：

$$H(A, B) = |c(A) - c(B)| + |r(A) - r(B)|$$

$$(3.5)$$

式中：区间数 X 的中点 $c(X) = (X^U + X^L)/2$，区间数 X 的半径 $r(X) = (X^U - X^L)/2$，X 为 A 或 B。

集结所有位 d 专家，依据专家的评估相似度确定专家权重，即遵循少数服从多数的集结原则。以专家 z 评估值到其他专家评估值之间的平均豪斯多夫距离（Hausdorff Distance）为评价尺度，平均豪斯多夫距离越大，相似度就越低。受支持度就越低。评估相似度的计算公式为[97]：

$$\eta_t(z) = \cfrac{1}{1 + \cfrac{1}{d-1} \sum_{\substack{u=1 \\ u \neq z}}^{d} H[A_t(z), A_t(u)]} \qquad (3.6)$$

式中，$A_t(z)$ 表示第 z 个专家对第 t 维度所做的评估；$A_t(u)$ 为第 u 位专家对第 t 维度所做的评估；$\eta_t(z)$ 表示第 z 个专家对第 t 维度所做的评估与其他评估专家的相似度。

对各个专家的评估相似度进行归一化，可得各专家的权重。专家 z 对 t 维度判断的归一化权重：

$$w_t(z) = \cfrac{\eta_t(z)}{\sum_{u=1}^{d} \eta_t(z)} \qquad (3.7)$$

（3）构建梯形模糊区间数。依据模糊因子，可将语言变量的区间数 A 转换为模糊区间数 $\overline{A}$，具体见公式（3.8）。

$$\overline{A} = [\, a^L, \ a^L + \alpha \times (a^U - a^L), \ a^U + \beta \times (a^L - a^U), \ a^U \,] \quad (3.8)$$

公式包含专家对区间数据分布的描述整合为一体，不同描述对应的模糊因子取值。

表 3 – 1 　　　　　　　　　**语言变量与模糊因子**

语言变量	左模糊因子 α					右模糊因子 β				
	极偏向左	偏向左	居中	远离左	极远离左	极偏向右	偏向右	居中	远离右	极远离右
因子取值	1	0.75	0.5	0.25	0	1	0.75	0.5	0.25	0

式中 $\overline{A}$ 为根据专家意见转换成的模糊区间。a^L，a^U 分别为模糊区间的下限和上限，α，β 为模糊因子，满足条件 $\alpha \geq 0$，$\beta \geq 0$，$\alpha + \beta \leq 1$。当 $\alpha = 0$，$\beta = 0$ 时，$\overline{A}$ 为均匀区间值。当 $\alpha + \beta = 1$，$\overline{A}$ 为三角模糊区间值；当 α，β 取其他值，$\overline{A}$ 为一般的梯形模糊区间。依据模糊理论，根据上述公式，将所有专家的区间评估用模糊评估值表示为 $\overline{A}_t(z) = [\, a_t(z), \ b_t(z), \ c_t(z), \ d_t(z) \,]$。

依据专家权重对各专家评估值进行加权算数平均，可得综合评估值

$$W_t = [\, a_t, \ b_t, \ c_t, \ d_t \,] = \Big[\sum_{u=1}^{d} w_t(z) a_t(z), \ \sum_{u=1}^{d} w_t(z) b_t(z),$$

$$\sum_{u=1}^{d} w_t(z) c_t(z), \ \sum_{u=1}^{d} w_t(z) d_z(t) \Big] \quad (3.9)$$

依据简单算术平均算法，计算各维度的权重：

$$\overline{W}_t = \frac{1}{4}(a_t + b_t + c_t + d_t) \qquad (3.10)$$

将其归一化得出：

$$W'_t = \overline{W}_t \Big/ \sum_{t=1}^{e} \overline{W}_t \qquad (3.11)$$

第五步：构建单维度决策矩阵。

构建第 t 维度的决策矩阵 G_t，其中 $G_t = [G_{t_1}, G_{t_2}, \cdots, G_{t_m}]$；该计算公式为：

$$G_{t_i} = SH_{t_i} \times \sum_{j=1}^{n} K_{t_j} R_{ij} \qquad (3.12)$$

第六步：构建综合模糊决策矩阵。

将不同维度的供应商决策矩阵进行归一化处理得到 G'_t，采用普通加权法，最终可得出不同供应商的综合决策矩阵 G，$G = [G_{S1}, G_{S2}, \cdots, G_{Sm}]$，计算方法为：

$$G = \sum_{t=1}^{e} W'_t G'_t \qquad (3.13)$$

第七步：子模块质量特性的匹配选择。

依据公式（3.13），按照数据越大越优先考虑的原则，对所有供应商进行排序。选择优先等级较高的前 v 个供应商；然后根据所选供应商中与子模块产品质量需求相同维度的决策矩阵 G_t 中质量特性，对子模块的供应商进行匹配。

3.3　案 例 分 析

3.3.1　某型号研制飞机模块划分

依据某大型航空装备制造企业的生产模式，以某型号研制飞机为例，根据飞机的部件构造，通过资料收集，并借鉴部分参考文献[93,96,98-100]，本书认为按照功能-结构分析方法，可将飞机的整体构型主要分为机体模块、动力系统模块、飞行控制模块、航空电子模块、环境控制模块五大模块，其中每个大模块又包含有很多子模块。例如，飞机的机体模块又可以划分为机身、机翼、尾翼、起落架等子系统。具体模块划分如图3-2所示。

3.3.2　某型号研制项目的多维HOQ指标体系设计依据

对于模块化质量评判指标，如图3-2所示，由于机体模块又可细分为机身、机翼、尾翼、起落架等四大子模块，在子模块的质量特性评价指标建立时，应当分析不同子模块的性能需求以及在飞机构造中所承担的主要作用[100]。项目主制造商需要分析影响模块化质量的主要因素，收集航空研制部门意见及现有模块供应商合作过程中的特点，分

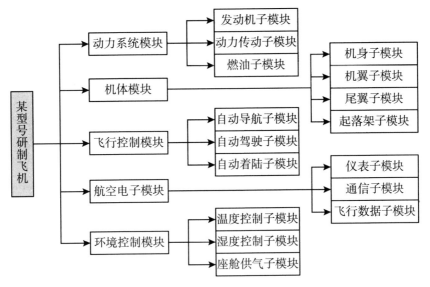

图 3 - 2　某型号研制飞机产品构型

析不同模块提供商对产品及主制造商的综合影响，并将其转化为可操作性指标。此外，体系指标应当能综合衡量模块匹配商提供合格产品的能力，对新工艺的适应能力，处理研制风险能力以及满足服务需求能力等，因此需要对模块化质量的需求评判指标进行维度划分。

指标体系的选择可通过专家访谈及参考文献的收集整理[93]，并根据各模块的特性及功能[98]，按照指标的综合性、客观性、相关性、系统性等原则，对子模块进行指标确定。对于大型航空装备研制项目，由于模块供应商需要参与新型产品的研制，因此对模块化质量进行匹配选择时，除了考虑供应商现有的基础水平外，还要评估由于新工艺生产或新产品研发而产生的需要供应商具备的生产适应能力。据此，本书考虑给出产品质量需求维度的各模块供应商的生产适应能力，并将其权重考虑到对供应商的选择过程中。其中，适应能力系数越大，说明研制项目主制造商选择该供应商的研发风险越小。

3.3.3 基于项目模块化质量的多维 HOQ 指标体系构建

不同模块具有不同的质量特性，但其模块化质量匹配过程和方法基本相同。本书选取机体模块及其子模块为研究对象，分析其模块化质量匹配选择方法。

（1）基于机体模块质量需求的 HOQ 指标构建。机体系统模块的分值是辅助根据对相关领域专家的调查，结合阿尔特菲德尔汉斯—亨里奇（2010）[98]，根据飞机零部件国际航空航天质量局的标准 AS9100，以及 AS9132 质量体系中对零件标识的二维数据矩阵代码质量要求，运用模糊综合评价法，按照最大值为 5 分，最小值为 1 分的原则，得出模块与指标间的关系矩阵，如表 3 - 2 所示。

（2）多维 HOQ 指标构建。在对供应商综合评估时，考虑将模块外包给供应商时，影响模块化质量的因素可以分为 3 类，即产品质量需求、供应商合作需求和服务需求。因此，本书拟将传统的 HOQ 分为 3 个维度，从 3 个维度对供应商能力进行评价，并根据各模块的质量特性，实现供应商的合理匹配。设有 15 个供应商 S_1，S_2，…，S_{15}，通过

表 3 – 2　　　　　　机体模块质量规划 HOQ

质量需求		机体系统模块				绝对权重	相对权重
准则层	指标层	机身 M_1	机翼 M_2	尾翼 M_3	起落架 M_4		
产品质量需求	耐蚀性 U_1	5	5	5	4	19	0.10
	刚度 U_2	4	5	5	3	17	0.09
	疲劳性 U_3	3	5	5	3	16	0.09
	重量 U_4	5	4	4	2	15	0.08
	气动弹性 U_5	4	3	3	2	12	0.07
	飞行平稳性 U_6	3	4	4	1	12	0.07
	使用寿命 U_7	4	5	5	3	17	0.09
	环境污染 U_8	3	3	3	3	12	0.07
	飞行速度 U_9	4	4	5	1	14	0.08
	起落平稳 U_{10}	1	1	1	5	8	0.04
	热稳定性 U_{11}	5	5	5	2	17	0.09
	可操纵性 U_{12}	2	4	5	3	14	0.08
	外形美观 U_{13}	3	3	3	2	11	0.06
质量特性权重		3.72	4.14	4.29	2.58		

对其核心技术能力、企业信誉度以及质量认证的检验，发现有 8 家供应商 S_1，S_2，…，S_8，具备该型号机体生产研制能力，综合相关领域的被调查专家意见，并通过模糊评价法确定不同供应商的评价指标（5 分制）（如表 3 – 3 至表 3 – 5 所示）。其中在对不同维度的供应商进行评价时，

需要分别选择相应领域的专家进行评判。

表 3 – 3   **产品质量需求维度 HOQ**

质量需求		程度	供应商名称							
准则层	指标层		S_1	S_2	S_3	S_4	S_5	S_6	S_7	S_8
产品质量需求 C_1	耐蚀性 C_{11}	0.10	4	4	4	5	4	5	4	5
	刚度 C_{12}	0.09	4	3	4	5	5	4	5	4
	疲劳性 C_{13}	0.09	4	5	4	4	4	4	5	4
	重量 C_{14}	0.08	4	4	4	4	5	4	4	4
	气动弹性 C_{15}	0.07	3	4	2	4	2	4	3	3
	飞行平稳 C_{16}	0.07	3	3	4	3	4	4	4	4
	使用寿命 C_{17}	0.09	4	3	3	3	3	3	4	3
	环境污染 C_{18}	0.07	2	2	3	2	4	2	4	3
	飞行速度 C_{19}	0.08	3	4	3	4	2	3	3	3
	起落平稳 C_{110}	0.04	4	2	3	4	3	4	4	2
	热稳定性 C_{111}	0.09	3	3	4	3	2	4	2	4
	可操纵性 C_{112}	0.07	4	5	4	4	4	4	5	4
	外形美观 C_{113}	0.06	3	4	3	4	4	4	3	3
质量特性			3.49	3.60	3.52	3.8	3.56	3.79	3.86	3.65
生产适应能力			6	7	5	7	5	6	8	4
适应能力系数			0.13	0.15	0.1	0.15	0.1	0.13	0.16	0.08

表 3 - 4　　　　　　　合作需求维度 HOQ

质量需求		程度	归一化	供应商名称							
准则层	指标层			S_1	S_2	S_3	S_4	S_5	S_6	S_7	S_8
合作需求 C_2	准时交付率 C_{21}	9	0.31	3	4	3	4	4	4	3	4
	沟通能力 C_{22}	4	0.14	4	4	5	3	2	4	3	2
	融资能力 C_{23}	6	0.21	2	4	3	5	4	3	4	3
	企业信誉 C_{24}	3	0.10	3	3	4	4	3	4	3	4
	关系管理成 C_{25}	7	0.24	3	4	4	4	3	4	4	2
质量特性				2.93	3.9	3.62	4.07	3.14	3.55	3.45	3.03

表 3 - 5　　　　　　　服务需求维度 HOQ

质量需求		程度	归一化	供应商名称							
准则层	指标层			S_1	S_2	S_3	S_4	S_5	S_6	S_7	S_8
服务需求 C_3	维修成本 C_{31}	9	0.31	4	4	3	4	2	4	3	4
	维修周期 C_{32}	7	0.24	3	3	4	3	3	4	2	3
	服务灵活 C_{33}	7	0.24	4	2	4	2	3	4	4	3
	运输优势 C_{34}	6	0.21	3	2	3	4	2	4	3	4
质量特性				3.55	2.86	3.48	3.28	2.48	3.76	3	3.52

3.4　数值分析

3.4.1　基于多维 HOQ 的模块化质量匹配过程

3.4.1.1　单维度决策过程

依据公式（3.13），计算各维度决策矩阵进行归一化：

$$G_1 = \begin{bmatrix} 0.44 & 0.53 & 0.37 & 0.55 & 0.37 & 0.47 & 0.64 & 0.30 \end{bmatrix}$$

$$G_2 = \begin{bmatrix} 2.93 & 3.9 & 3.62 & 4.07 & 3.14 & 3.55 & 3.45 & 3.03 \end{bmatrix}$$

$$G_3 = \begin{bmatrix} 3.55 & 2.86 & 3.48 & 3.28 & 2.48 & 3.76 & 3.00 & 3.28 \end{bmatrix}$$

对以上三个矩阵归一化处理：

$$G_1' = \begin{bmatrix} 0.119 & 0.143 & 0.100 & 0.151 & 0.100 & 0.129 & 0.175 & 0.083 \end{bmatrix}$$

$$G_2' = \begin{bmatrix} 0.106 & 0.141 & 0.131 & 0.147 & 0.113 & 0.128 & 0.125 & 0.109 \end{bmatrix}$$

$$G_3' = \begin{bmatrix} 0.137 & 0.110 & 0.134 & 0.126 & 0.096 & 0.145 & 0.116 & 0.136 \end{bmatrix}$$

利用评价偏差进行检验，不存在异常结果。

3.4.1.2 各维度的权重值确定

评价维度分别为产品质量需求维、服务需求维度。共有三位相关领域的专家对这三个维度进行重要度打分（5分制），并根据模糊因子表进行模糊区间确定，经统计所有专家均采用三角模糊数来表达评估意见，没有专家采用梯形模糊区间数。具体统计结果如表 3-6 所示。

表 3-6 专家评估值

维度	专家意见		
	EXP1	EXP2	EXP3
产品质量需求 C_1	[4, 5]；右；1	[1, 3]；0.5	[2, 4]；左；0.75
合作需求 C_2	[3, 5]；0.5	[2, 3]；0.5	[2, 4]；0.5
服务需求 C_3	[4, 5]；右；0.75	[2, 4]；左；1	[3, 4]；右；0.25

依据公式（3.7），计算各专家对不同维度的权重判断：

$$\eta = \begin{bmatrix} 0.667 & 0.5 & 0.667 \\ 0.5 & 0.5 & 0.667 \\ 0.667 & 0.5 & 0.5 \end{bmatrix}$$

对 η 进行归一化处理得，$w = \begin{bmatrix} 4/11 & 1/3 & 4/11 \\ 3/1 & 11/3 & 4/11 \\ 4/11 & 1/3 & 3/11 \end{bmatrix}$

依据表 3 - 6 中专家意见，结合公式（3.8），将所有专家的区间评估用模糊评估值表示为：

$$\overline{A} = \begin{bmatrix} [4,5,5] & [1,2,3] & [2,3.5,4] \\ [3,4.5,5] & [2,2.5,3] & [2,3,4] \\ [4,4.5,5] & [2,2,4] & [3,3.75,4] \end{bmatrix}$$

依据公式（3.11）可得各维度的权重 $W' = \begin{bmatrix} 0.445 & 0.236 & 0.319 \end{bmatrix}$

3.4.1.3　多维度综合决策过程

利用加权法，依据公式（3.13），为便于观察，将所有数据放到 100 倍，得出：

$$G = \begin{bmatrix} G_{S_1}, & G_{S_2}, & G_{S_3}, & G_{S_4} \\ G_{S_5}, & G_{S_6}, & G_{S_7}, & G_{S_8} \end{bmatrix}$$

$$G = \begin{bmatrix} 12.17, & 13.20, & 11.82, & 14.21 \\ 10.18, & 13.38, & 14.44, & 10.60 \end{bmatrix}$$

从最终向量矩阵可以看出，根据数据越大，越有利于模块化质量提高的原理，应将机体模块承包给 S_2，S_4，S_6，S_7 四个供应商。

3.4.1.4 供应商与子模块匹配过程

从产品质量的需求分析,对最优的四个供应商进行子模块匹配,按照子模块的重要程度对供应商进行匹配,得出匹配方案如表 3-7 所示。

表 3-7　　　　　　　　　匹配方案

外包模块	供应商名称
机身模块 M1	供应商 S_7
机翼模块 M2	供应商 S_4
尾翼模块 M3	供应商 S_2
起落架模块 M4	供应商 S_6

3.4.2 与传统方法的对比分析

如果不使用任何方法,仅仅根据原始数据基于经验判断,匹配结果将缺少准确度。例如,根据原始数据,采用简单的分析方法,并将最终决策矩阵放大 100 倍,并定义其为 G'_E,则:

$$G'_E = \begin{bmatrix} G_{S_1}, & G_{S_2}, & G_{S_3}, & G_{S_4} \\ G_{S_5}, & G_{S_6}, & G_{S_7}, & G_{S_8} \end{bmatrix}$$

$$G'_E = \begin{bmatrix} 11.99, & 12.32, & 12.65, & 13.29 \\ 11.51, & 13.29, & 12.80, & 12.15 \end{bmatrix}$$

因此上述具备较高模块化质量的供应商为 S_3, S_4, S_6, S_7, 并且 $G_{S_4} = G_{S_6} > G_{S_7} > G_{S_3}$。

　　传统的 HOQ 方法通常不对需求指标进行维度划分。在不考虑供应商生产适应能力，且不进行 HOQ 多维质量需求划分时，定义其供应商的决策矩阵为 G_T，经计算，得出供应商最终决策矩阵为：

$$G_T = \begin{bmatrix} G_{S_1}, & G_{S_2}, & G_{S_3}, & G_{S_4} \\ G_{S_5}, & G_{S_6}, & G_{S_7}, & G_{S_8} \end{bmatrix}$$

$$G_T = \begin{bmatrix} 3.51, & 3.61, & 3.59, & 3.91 \\ 3.50, & 3.79, & 3.82, & 3.64 \end{bmatrix}.$$

归一化 G_T 并将其数据放大 100 倍，得出 G_T' 如下：

$$G_T' = \begin{bmatrix} G_{S_1}, & G_{S_2}, & G_{S_3}, & G_{S_4} \\ G_{S_5}, & G_{S_6}, & G_{S_7}, & G_{S_8} \end{bmatrix}$$

$$G_T' = \begin{bmatrix} 11.95, & 12.29, & 12.22, & 13.31 \\ 11.92, & 12.91, & 13.01, & 12.39 \end{bmatrix}$$

　　图 3 - 3 和图 3 - 4 为分别采用简单经验判断法和传统 HOQ 的决策结果对比。

　　从图 3 - 3 可以发现，传统经验判断方法下的 G_{S_4} 和 G_{S_6} 具备相同的决策值，这使得决策者很难从中选择其一对模块供应商进行匹配。依据供应商匹配原则，例如子模块 M_1 应当选择供应商 S_7，然而基于矩阵 G_1，供应商 S_7 的产品质量需求值满足度最高，应当匹配模块 M_3 而不是模块 M_1。因此，HOQ 的决策方法要优于传统的经验判断法。分析矩阵 G_T'，按照传统 HOQ 方法，被选择的供应商为 S_4，S_6，S_7，S_8，然而这些数据差距较小，使得决策者难以区分供

应商间具体实际的差距大小。图 3 − 4 为采用 HOQ 方法和
MHOQ 决策方法的对比。

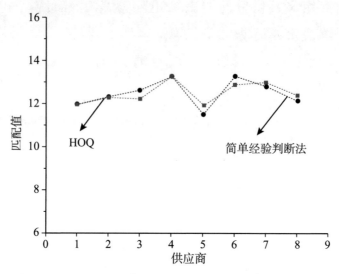

图 3 − 3　HOQ 和简单经验判断法的决策结果对比

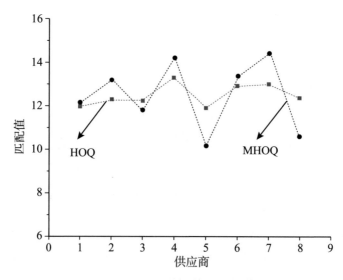

图 3 − 4　HOQ 和 MHOQ 两种决策方法对比

从图 3 - 4 可以看出，HOQ 决策方案与考虑多维度的 MHOQ 方法相比，MHOQ 方法下的供应商决策数据差距更大，两种选择方法的主要区别在于供应商 S_2 和供应商 S_8 的选择。从表 3 - 2 可以看出，供应商 S_2 的产品质量需求权重略低于 S_8，但是 S_2 的供应商合作需求能力较强，并且 S_2 具有较强的生产适应能力，综合考虑，选择供应商 S_2 更合理。因此，采用多维 HOQ 并考虑供应商生产适应能力的决策方法比传统衡量方案更为全面、客观。

3.5　本章小结

航空装备研制项目的高技术性、高复杂性及结构模块化特征，决定了其模块化质量控制的复杂性。本书从模块的质量特性需求考虑，通过多维质量屋的构建，并结合模糊综合评价法，对模块化质量匹配问题进行研究。

在视角上，依据航空装备研制项目模块化特征，并结合不同模块具有不同的质量特性，提出了从模块化质量视角，对研制项目进行模块供应商匹配选择研究。在方法上，将供应商生产适应能力系数考虑到影响模块化质量的产品质量维度中，并依据不同类别属性对模块化质量具有不同的影响权重思想，构建多维质量屋代替传统二维质量屋；并采用豪斯多夫距离、相似度函数与模糊区间评价法确定各维度权重值。

从案例分析结果中得出：（1）多维质量屋较传统质量屋，更能有效解决较为复杂的航空装备研制项目模块化质量匹配问题。（2）采用豪斯多夫距离公式及相似度函数，能够有效降低评价值的主观性。（3）考虑模块供应商的生产适应能力对模块化质量的影响，能够降低由于新产品研制带来的模块化质量匹配选择风险性。

第4章　航空装备项目模块化质量控制方案决策

　　航空产业国际合作和专业化生产趋势的明显，使得企业需要越来越多的研制投入和市场风险，迫使任何一个航空集团都不得不参与到航空集团大产业链中，这就形成了以研制总集成商为核心，多个模块研制供应商为其提供服务的网络结构模型。航空产品通过在全球范围内的资源配置，有效利用不同国家和地区的成本和技术优势，有效分散研制成本，规避巨大风险，达到提高竞争力的目的。因此，航空零部件的研制被分配给到不同国家和地区中。其产品研制的模块化，使得研制项目具有模块化特点。对产品模块提供商进行管理，控制不同模块提供商的模块化质量具有重要意义。

　　本章基于航空装备研制项目的特点，从项目模块化的视角，提出一类项目模块化质量控制方案的多级决策模型。从项目整体改善目标、模块化质量改善目标以及资源控制三个目标出发，构建多目标规划模型。基于航空产品研制项目的多层级性，以质量控制资源和质量改善目标为纽带，构建多层级多目标规划模型。最后以某型号研制项目为例，验证所提模型的可行性，为航空研制项目模块集成商提供质量控制方案决策方法。

4.1　模块化质量控制问题的方法研究

一般情况下，航空装备模块供应商及模块质量小组确定后，模块集成商将定期征集模块化质量控制方案，而产品的模块化结构及组织的模块化结构决定了方案的多样性与层级性，各级模块供应商在推行和细化模块集成商的质量控制方案过程中，需要细化各子模块的质量控制方案，是一个多层级的优化控制问题。

目前关于该领域的模块化质量控制问题的方法研究，主要集中在以下几个方面：

（1）航空装备研制的项目质量管理研究。项目的管理主要包含时间的管理和成本的管理[101]。由于大型复杂研制项目管理的复杂性，航空产品研制项目集成商需要找到一套完整的项目管理方法和体系。一套完整的项目执行方法需要从技术和管理两个方面为项目提供综合方略[102]。技术方面的项目管理可以通过运用模拟方式改进设计质量，并在项目建设之前模拟验证各种设计假设，通过模拟，评价设计方案，以改进建设项目设计、质量及管理[101]。管理方面，企业需考虑企业文化，并依据新产品研制的特点，通过提高跨职能部门整合能力，创新组织管理模式，提高项目管理实践能力[102-104]。

（2）航空装备研制项目的质量控制方法研究。航空装备研制项目是大型复杂项目，其质量控制方法也相对复杂。越来越多的企业关注到提高产品质量和组织服务质量提高问题。目前大型项目都趋向于合作开发，因此项目集成商通过参与项目质量控制方案制定和选择，能有效提高项目管理质量。不少学者提出从供应链角度的不同阶段，考虑从供应链角度进行分阶段质量管理，并提出了相应的质量管理模型、框架和结构[105-107]以及目标优化模型[108]。

Keisler 和 Bordley（2015）[110]从目标不确定的角度分析了项目管理的决策问题。刘远等（2012）[93]搭建了一类新型的供应链质量屋模型分析平台，并构建供应链质量控制方案的递阶决策模型，有效实现了在对供应链进行多级质量控制时的决策问题。但该文仅给出了方案执行的优先级，并未解决模块与质量控制方案相匹配问题。从 Keisler 和 Bordley（2015）[110]可以看出，大部分的关于项目管理的研究还局限于少数方法的应用，很多比较先进的方法还未得到较好的应用。本章主要基于航空装备研制项目的模块化特性及其质量控制方式，对刘远等（2012）[93]进行改进。

4.2 模型设计

4.2.1 多目标模型设计

4.2.1.1 定义各级模块质量控制方案的质量改善率

假设某产品的研制过程可划分为 m 个独立的子项目（即模块），构成模块项目集合 S，其中模块 s_i 在产品研制总过程中所占的质量权重 w_i，产品研制项目对各个模块的质量计划改善率为 h_i，构成集合 H，其中 i = 1，2，…，m。设其中共有 n 个备选的模块质量控制方案，构成方案集合 C。假设方案间是独立的，彼此互相不影响，模块与方案间的质量关联矩阵为 U = $\{u_{ik}\}_{m \times n}$，其中，i = 1，2，…，m；k = 1，2，…，n。

定义 1：由于一个模块只能由一个方案完成，定义 0 - 1 变量 y_{ik}，Y = $\{y_{ik}\}_{m \times n}$，构建 0 - 1 整数变量。

$$y_{ik} = \begin{cases} 1 & \text{模块 i 采用方案} \quad k \\ 0 & \text{模块 i 不采用方案} \quad k \end{cases} \qquad (4.1)$$

4.2.1.2 定义项目模块化质量控制的多目标规划模型

产品研制项目管理过程中往往存在着多种不同的评判标准和优化目标。刘远等（2012）[93] 认为供应链质量管理的优化目标主要存在产品质量改善目标、系统质量改善目标和资源消耗目标。结合研究内容，产品研制项目集成商在有限的资源条件下，不仅要完成各个项目模块的质量改善要求，还要力争实现项目整体改善目标最大化。为此，本书认为，对产品质量的控制方案选择的优化目标可借鉴刘远等（2012）[93]，但本书与该文献的角度不同，刘远等（2012）[93] 从方案的综合优先度考虑进行目标规划的。为了研究项目模块与方案的具体匹配过程，本书引进整数规划，从方案与模块的匹配度进行目标规划。具体从以下几个方面分析：

（1）项目整体质量改善目标。同一项目的子项目间往往存在着项目间的质量相互影响，一个子项目的质量好坏同时也会影响与其质量相关度较高的其他子项目的质量控制。设模块间的质量关联矩阵为 $O = \{o_{ij}\}_{m \times m}$，其中 o_{ij} 为模块 S_i 和 s_j 的质量关联系数。

定义 2：定义产品整体质量改善效果为 Δ，则 Δ 与质量控制方案改善率 U 之间存在的关系如下：

$$\Delta = \sum_{i=1}^{m} w_i \sum_{j=1}^{m} o_{ij} Z_j, \quad Z_j = \sum_{k=1,\cdots,n} u_{jk} \cdot y_{jk}, \quad j = 1, 2, \cdots, m$$

$$(4.2)$$

产品模块供应商及模块质量小组确定后，模块集成商将定期征集模块质量控制方案，并通过实施集成最优方案以实现提高产品模块化质量的改善效果，因此产品整体改善目标可表示为：

$$\Delta \geqslant WH^{T} \qquad (4.3)$$

（2）模块质量改善目标。项目集成商不仅需要完成整体的质量目标计划，还要完成各个模块的质量计划，因此模块质量改善目标可表示为：

$$\sum_{k=1}^{n} u_{ik} y_{ik} \geq h_i, \quad i = 1, 2, \cdots, m \qquad (4.4)$$

（3）资源消耗目标。由于产品研发是一个将工程技术、方法、工具、资源、人员等集成的项目管理过程，这就使得不同项目模块间由于共享公用信息技术、资源等而相互关联。为使得项目整体目标改善最大化和收益最大化，需要通过定量分析和定性分析相结合的方法，确定不同模块间资源的依赖程度。由于项目模块间存在资源的相互依赖性，因此当不同模块运用同一方案，即资源共享时，可降低模块组的资源消耗成本。

在方案实施过程中，为了获得较高的利润，企业希望投入的质量控制资源能够控制在资源预算之内。本部分参考 Zülal Gangor 和 Elif K Delice（2009）[42] 的符号表示方法，并在其基础上新增多个项目模块共用一种方案时，可降低资源消耗的事实，做如下假设：假设在执行控制方案中，有 b 种资源，其预算为 $Q = (q_1, q_2, \cdots, q_b)$，资源 q_η 的重要度权重为 φ_η，$\eta = 1, 2, \cdots, b$，各资源重要度权重构成集合 $\varphi = (\varphi_\eta)_{1 \times b}$。

通过对不同方案信息的核算，得出方案的资源消耗矩阵 G，其中模块 S_i 在方案 c_k 消耗的第 η 种资源的量为 $g_{\eta ik}$。模块的资源消耗矩阵为 $G = \{G_1, G_2, \cdots, G_m\}_{1 \times m}$。其中模块 S_i 的资源消耗矩阵 $G_i = \{g_{ij}\}_{k \times n}$。则资源消耗矩阵可表示如下：

$$\sum_{i=1}^{m} \sum_{k=1}^{n} g_{\eta i k} y_{ik} \leqslant q_{\eta}，\eta = 1，2，\cdots，b \qquad (4.5)$$

基于以上分析，假设目标 1 的执行优先级为 P_1，目标 2 的执行优先级 P_2，目标 3 的执行优先级 P_3，则该问题转化为一类多目标决策模型为：

$$\min Z = P_1 d_0^- + P_2 \sum_{i=1}^{m} w_i d_i^- + P_3 \sum_{\eta=1}^{b} \varphi_{\eta}(d_{m+\eta}^+ + d_{m+\eta}^-)$$

$$(4.6)$$

$$\text{s. t.} \begin{cases} \sum_{i=1}^{m} w_i \cdot \sum_{j=1}^{m} o_{ij} Z_j + d_0^- - d_0^+ = WH^T \\ Z_j = \sum_{k=1}^{n} u_{jk} y_{jk}，j = 1，2，\cdots，m \\ Z_j + d_i^- - d_i^+ = h_i，i = 1，2，\cdots，m \\ \sum_{i=1}^{m} \sum_{k=1}^{n} g_{\eta ik} y_{ik} + d_{m+\eta}^- - d_{m+\eta}^+ = q_{\eta}，\eta = 1，2，\cdots，b \\ \sum_{k=1}^{n} y_{ik} = 1，i = 1，2，\cdots，m \\ d_{\bullet}^+，d_{\bullet}^-，y_{ik} \in (0，1)，Z_j \geqslant 0 \end{cases}$$

其中，$d_{\bullet}^-$ 和 $d_{\bullet}^+$ 分别为目标实现的正、负偏差。

4.2.2　多层级质量控制模型设计

4.2.2.1　航空产品研制项目模块具有多层级性

在产品研制过程中，项目的模块化依据是产品的模块化。划分后的产品模块又可按照其生产流程或功能细分为子模块，因此对产品研制的项目模块化实质是对产品的模块化。一般按照产品的功能和结构可将产品划分为模块—子模块—部件三个级别，本书只考虑一级模块和二级模块的多阶层目标规划问题。为了有效实现各模块的质量控制，在对模块的质量控制方案实施过程中，还需对每个项目模块的子项目模块进行质量控制方案细分和控制资源再分配。基于此，航空产品研制的项目模块化质量控制方案是一个多目标多层级的问题。一方面项目集成商依据改善目标以及资源消耗目标对模块质量进行总方案选择，并提供该方案的质量控制资源。另一方面，子项目模块方案是对项目模块方案的具体和细化，体现着质量控制方案的衔接，子项目模块的质量控制方案受到上级所选质量方案的资源约束。

基于航空产品的大型性和复杂性，航空产品的模块一般具有独立性，各模块间的质量控制方案互相独立。由于同级模块内的下级模块间模块化质量特性相似，因此具有质量控制上的相似性。为了提高项目收益，项目集成商期望尽可能在有限的资源约束下，在完成质量改善目标的基础上，通过共同研制模块内部的子模块实现资源合作利用，降低资源消耗，提高收益。

4.2.2.2　多级多目标规划模型

根据以上分析，可将其转化为一类多层级多目标规划问题。根据产品的特性。主要用到的参数符号如表4-1所示。

第 4 章 航空装备项目模块化质量控制方案决策

表 4 – 1 参数定义

符号	参数描述
Δ^{la}	第 a 层项目整体质量改善率。
t	项目共被划分的级别个数（a = 1，2，…，t）
S^{la}	第 a 层模块数集合.
H^{la}	第 a 层模块质量改善率集合，$H^a = (h_1^{la}，h_2^{la}，\cdots，h_m^{la})$
C^{la}	第 a 层可供选择的方案集合数 $C^{la} = \{c_1^{la}，c_2^{la}，\cdots，c_{n^{la}}^{la}\}$
O^{la}	第 a 层的模块间质量关联矩阵
W^{la}	第 a 层的模块质量权重
U^{la}	第 a 层的模块在各方案下的质量改善率集合
Y^{la}	第 a 层的 0 – 1 变量集合
$G_{\eta^{la}}^{la}$	第 a 层各模块在各方案下的对资源 η^{la} 的消耗矩阵
Q^{la}	第 a 层的资源预算
Y^{la*}	第 a 层质量 – 方案最优匹配矩阵
$G_{\eta^{la}}^{la*}$	资源 η^{la} 的最优匹配矩阵
Φ^{la}	第 a 层资源权重矩阵
P^{la}	第 a 层目标的优先级

注：表中上标 la 表示的是第 a 层级，例如，m^{la} 表示第 a 层级有 m^{la} 个项目模块，为便于区分不同层级的项目模块数，在此添加了上标 la，其他类似。
资料来源：部分符号引用刘远等（2012）。

据此，第 la 级项目模块的多目标规划模型可表示为：

$$\min Z^{la} = P_1^{la}(d_0^{la})^- + P_2^{la}\sum_{i^{la}=1}^{m^{la}} w_{i^{la}}^{la}(d_{i^{la}}^{la})^-$$

$$+ P_3^{la} \sum_{\eta^{la}=1}^{b^{la}} \varphi_{\eta^{la}}^{la} \left[(d_{m^{la}+\eta^{la}}^{la})^+ + (d_{m^{la}+\eta^{la}}^{la})^- \right] \quad (4.7)$$

$$\text{s. t.} \begin{cases} \sum_{i^{la}=1}^{m^{la}} w_{i^{la}}^{la} \sum_{j^{la}=1}^{m^{la}} o_{i^{la}j^{la}}^{la} Z_{j^{la}}^{la} + (d_0^{la})^- - (d_0^{la})^+ = W^{la}(H^{la})^T \\[2ex] Z_{j^{la}}^{la} = \sum_{k^{la}=1}^{n^{la}} u_{j^{la}k^{la}}^{la} y_{i^{la}k^{la}}^{la}, \ j^{la} = 1, 2, \cdots, m^{la} \\[2ex] Z_{j^{la}}^{la} + (d_{i^{la}}^{la})^- - (d_{i^{la}}^{la})^+ = h_{i^{la}}^{la}, \ i^{la} = 1, 2, \cdots, m^{la} \\[2ex] \sum_{i^{la}=1}^{m^{la}} \sum_{k^{la}=1}^{n^{la}} g_{\eta^{la}i^{la}k^{la}}^{la} y_{i^{la}k^{la}}^{la} + (d_{m^{la}+\eta^{la}}^{la})^- - (d_{m^{la}+\eta^{la}}^{la})^+ = q_{\eta^{la}}^{la} \\[2ex] \eta^{la} = 1, 2, \cdots, b^{la} \\[2ex] \sum_{k^{la}=1}^{n^{la}} y_{i^{la}k^{la}}^{la} = 1, \ i^{la} = 1, 2, \cdots, m^{la} \\[2ex] (d_{\bullet}^{la})^+, (d_{\bullet}^{la})^- \geq 0, \ y_{i^{la}k^{la}}^{la} \in (0, 1), \ Z_{j^{la}}^{la} \geq 0 \end{cases}$$

其中，$(d_{\bullet}^{la})^-$ 和 $(d_{\bullet}^{la})^+$ 分别为目标实现的正、负偏差。

将上述规划中的约束条件定义为 con^i，根据模块划分的多级别性，可以得出一类多层级多目标规划模型，表示如下：

$$\min Z^{lt} = P_1^{lt}(d_0^{lt})^- + P_2^{lt} \sum_{i^{lt}=1}^{m^{lt}} w_{i^{lt}}^{lt}(d_{i^{lt}}^{lt})^- + P_3^{lt}$$

$$\sum_{\eta^{lt}=1}^{b^{lt}} \varphi_{\eta^{lt}}^{lt} \left[(d_{m^{lt}+\eta^{lt}}^{lt})^+ + (d_{m^{lt}+\eta^{lt}}^{lt})^- \right]$$

$$
\text{s. t.}
\begin{cases}
\text{con}^{lt} \\
\begin{aligned}
\min Z^{l(t-1)} &= P_1^{l(t-1)} \left(d_0^{l(t-1)} \right)^+ + P_2^{l(t-1)} \sum_{i^{l(t-1)}=1}^{m^{l(t-1)}} w_{i^{l(t-1)}}^{l(t-1)} \left(d_{i^{l(t-1)}}^{l(t-1)} \right)^- + \\
& P_3^{l(t-1)} \sum_{\eta^{l(t-1)}=1}^{b^{l(t-1)}} \varphi_{\eta^{l(t-1)}}^{l(t-1)} \left[\left(d_{m^{l(t-1)}+\eta^{l(t-1)}}^{l(t-1)} \right)^+ + \left(d_{m^{l(t-1)}+\eta^{l(t-1)}}^{l(t-1)} \right)^- \right]
\end{aligned} \\
\quad
\begin{cases}
\text{con}^{l(t-1)} \\
\vdots \\
\begin{aligned}
\min Z^{ll} &= P_1^{ll} \left(d_0^{ll} \right)^- + P_2^1 \sum_{i^{ll}=1}^{m^{ll}} w_{i^{ll}}^{ll} \left(d_{i^{la}} \right)^- + \\
& P_3^{ll} \sum_{\eta^{ll}=1}^{b^{ll}} \varphi_{\eta^{ll}}^{ll} \left[\left(d_{m^{ll}+\eta^{ll}}^{ll} \right)^+ + \left(d_{m^{ll}+\eta^{ll}}^{ll} \right)^- \right]
\end{aligned} \\
\quad
\begin{cases}
\sum_{i^{ll}=1}^{m^{ll}} w_{i^{ll}}^{ll} \sum_{j^{ll}=1}^{m^{ll}} o_{i^{ll}j^{ll}}^{ll} Z_{j^{ll}}^{ll} + \left(d_0^{ll} \right)^- - \left(d_0^{ll} \right)^+ = W^{ll} (H^{ll})^{\mathrm{T}} \\
Z_{j^{ll}}^{ll} = \sum_{k^{ll}=1}^{n^{ll}} \left(u_{j^{ll}k^{ll}}^{ll} \cdot y_{j^{ll}k^{ll}}^{ll} \right), \ j^{ll} = 1, 2, \cdots, m^{ll} \\
Z_{j^{ll}}^{ll} + \left(d_{i^{ll}}^{ll} \right)^- - \left(d_{i^{ll}}^{ll} \right)^+ = h_{i^{ll}}^{ll}, \ i^{ll} = 1, 2, \cdots, m^{ll} \\
\sum_{i^{ll}=1}^{m^{ll}} \sum_{k^{ll}=1}^{n^{ll}} g_{\eta^{ll}i^{ll}k^{ll}}^{ll} y_{i^{ll}k^{ll}}^{ll} + \left(d_{m^{ll}+\eta^{ll}}^{ll} \right)^- - \left(d_{m^{ll}+\eta^{ll}}^{ll} \right)^+ = \\
q_{\eta^{ll}}^{ll}, \ \eta^{ll} = 1, 2, \cdots, b^{ll} \\
\sum_{k^{ll}=1}^{n^{ll}} y_{i^{ll}k^{ll}}^{ll} = 1, \ i^{ll} = 1, 2, \cdots, m^{ll} \\
\left(d_{\bullet}^{ll} \right)^+, \left(d_{\bullet}^{ll} \right)^- \geqslant 0, \ y_{i^{ll}k^{ll}}^{ll} \in (0, 1), \ Z_{j^{ll}}^{ll} \geqslant 0
\end{cases}
\end{cases}
\end{cases}
$$

$$(4.8)$$

4.2.3　算法设计

根据第 4.2.2 节中由高层到低层的迭代思想，为更好地方便计算机仿真运算，设计算法流程。首先做如下假设：假设第 a 层模块与方案的匹配矩阵共包含 ε^{la} 种 Y^{la} 矩阵，其中 $\sigma^{la} = 1$，2，$\cdots$，ε^{la}。具体算法设计如图 4 - 1 所示。

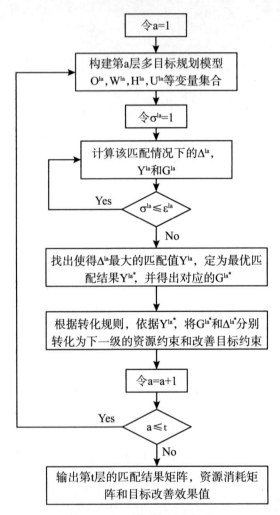

图 4 - 1　递阶求解算法

4.3 案 例 分 析

本章依据第 3 章案例分析图 3 - 2 的模块划分，进行本章的案例分析。可知，该项目的模块可划分为三层。

4.3.1 一级项目模块的质量控制方案选择

由于方案的不确定性，经过方案的多轮评选，备选方案的部分方案被选定进入终选阶段。本书选定 6 项质量控制方案进入到终选阶段。由于一级模块的相对独立性，在进行方案的选择时，不考虑模块间的资源依赖性和方案间的资源依赖性，因此一级模块的多目标规划模型可表示如公式（4.9）。其中，W^{ll} 是各个模块的权重，该数据通过专家调查收集；由于方案的不确定性，方案的 U^{ll}，H^{ll}，G_1^{ll}，G_2^{ll} 和 Q^{ll} 为 MATLAB 实验训练数据，由计算机随机生成。仅以此验证方法的有效性，当这些数据变化时，该方法同样适用。

$$\min Z^{ll} = P_1^{ll}(d_0^{ll})^- + P_2^{ll}\sum_{i^{ll}=1}^{5} w_{i^{ll}}^{ll}(d_{i^{ll}}^{ll})^- + P_3^{ll}$$

$$\sum_{\eta^{ll}=1}^{2} \varphi_{\eta^{ll}}^{ll}[(d_{5+\eta^{ll}}^{ll})^+ + (d_{5+\eta^{ll}}^{ll})^-] \qquad (4.9)$$

$$\text{s. t.} \begin{cases} \sum\limits_{i^{ll}=1}^{5} w_{i^{ll}}^{ll} \sum\limits_{j^{ll}=1}^{5} Z_{j^{ll}}^{ll} + (d_0^{ll})^- - (d_0^{ll})^+ = W^{ll}(H^{ll})^T \\[2mm] Z_{j^{ll}}^{ll} = \sum\limits_{k^{ll}=1}^{6} (u_{j^{ll}k^{ll}}^{ll} \cdot y_{j^{ll}k^{ll}}^{ll}), \ j^{ll} = 1, 2, \cdots, 5 \\[2mm] Z_{j^{ll}}^{ll} + (d_{i^{ll}}^{ll})^- - (d_{i^{ll}}^{ll})^+ = h_{i^{ll}}^{ll}, \ i^{ll} = 1, 2, \cdots, 5 \\[2mm] \sum\limits_{i^{ll}=1}^{5} \sum\limits_{k^{ll}=1}^{6} (g_{\eta^{ll}i^{ll}k^{ll}}^{ll} \cdot y_{i^{ll}k^{ll}}^{ll}) + d_{5+\eta^{ll}}^{ll} - d_{5+\eta^{ll}}^{ll} = q_{\eta^{ll}}^{ll}, \ \eta^{ll} = 1, 2 \\[2mm] \sum\limits_{k^{ll}=1}^{6} y_{i^{ll}k^{ll}}^{ll} = 1, \ i^{ll} = 1, 2, \cdots, 5 \\[2mm] (d_{\bullet}^{ll})^-, (d_{\bullet}^{ll})^+ \geqslant 0, \ y_{i^{ll}k^{ll}}^{ll} \in (0,1), \ Z_{j^{ll}}^{ll} \geqslant 0 \end{cases}$$

其中，$W^{ll} = (0.38, 0.12, 0.2 \quad 0.12, 0.18)$；$H^{ll} = (20\%, 8\%, 17\%, 17\%, 15\%)$。

$$U^{ll} = \begin{bmatrix} 0.23 & 0.21 & 0.22 & 0.20 & 0.19 & 0.21 \\ 0.10 & 0.12 & 0.10 & 0.09 & 0.08 & 0.09 \\ 0.20 & 0.21 & 0.19 & 0.17 & 0.22 & 0.18 \\ 0.18 & 0.17 & 0.19 & 0.19 & 0.20 & 0.18 \\ 0.17 & 0.16 & 0.15 & 0.16 & 0.18 & 0.18 \end{bmatrix}$$

$$G_1^{ll} = \begin{bmatrix} 25 & 22 & 19 & 24 & 23 & 25 \\ 9 & 10 & 10 & 9 & 11 & 10 \\ 15 & 13 & 14 & 15 & 14 & 17 \\ 10 & 11 & 12 & 15 & 14 & 13 \\ 13 & 12 & 12 & 13 & 17 & 16 \end{bmatrix}$$

$$G_2^{ll} = \begin{bmatrix} 18 & 19 & 17 & 13 & 14 & 12 \\ 8 & 7 & 7 & 6 & 9 & 8 \\ 11 & 10 & 12 & 12 & 9 & 13 \\ 7 & 8 & 9 & 9 & 10 & 11 \\ 9 & 8 & 10 & 11 & 12 & 10 \end{bmatrix}$$

$$Q^{ll} = (80, 50)^T$$

用 MATLAB 10.0 求解得出：

$$Y^{ll*} = \begin{bmatrix} 0 & 0 & 1 & 0 & 0 & 0 \\ 0 & 1 & 0 & 0 & 0 & 0 \\ 0 & 0 & 0 & 0 & 1 & 0 \\ 1 & 0 & 0 & 0 & 0 & 0 \\ 0 & 0 & 0 & 0 & 0 & 1 \end{bmatrix}$$

此时各项目模块的质量改善率和资源消耗率如表 4 – 2 所示。

表 4 – 2　　　　　　第 1 层最优匹配结果

项目名称	资源 1 消耗量	资源 2 消耗量	质量改善率（%）
动力系统模块	19	17	22
机体模块	10	7	12
飞行控制模块	14	9	22
航空电子模块	10	7	18
环境控制模块	16	10	18
总研制项目	69	50	19.6

经计算，按照此种方案匹配方法，在满足各个系统模块的质量改善目标外，可以实现总项目的质量改善率 Δ 最大，为 19.6%。

4.3.2　二级项目模块的质量控制方案选择

二级模块是一级对应模块的子模块，由于同一模块内具有相似的模块质量特性，并且由于资源的共享性，合作开发可降低产品资源的消耗率，因此可以考虑同一一级模块内的二级模块可以合作开发。其中，W^{l2} 是各个模块的权重，该数据通过专家调查收集；O^{l2} 为模块间的关联程度，该数据通过专家调查和综合评价法获取。由于方案的不确定性，方案的 U^{l2}，H^{l2}，G_1^{l2}，G_2^{l2} 和 Q^{l2} 为实验设定数据，仅以此验证方法的有效性，当这些数据变化时，该方法同样适用。

以一级模块的机体为例，根据图 4 - 1 的算法设计，其最优的质量控制方案为方案 c_2^1 又可细分为 4 个质量方案，即 c_{21}^{l1}，c_{22}^{l1}，c_{23}^{l1}，和 c_{24}^{l1}，根据上述方案的选择，则二级多目标规划的模型可表示为：

$$\min Z^{l2} = P_1^{l2}(d_0^{l2})^- + P_2^{l2}\sum_{i^{l2}=1}^{4} w_{i^{l2}}^{l2}(d_{i^{l2}}^{l2})^- + P_3^{l2}$$

$$\sum_{\eta^{l2}=1}^{2} \varphi_{\eta^{l2}}^{l2}\left[(d_{4+\eta^{l2}}^{l2})^+ + (d_{4+\eta^{l2}}^{l2})^-\right] \qquad (4.10)$$

$$\begin{cases} \sum\limits_{i^{12}=1}^{4} w_{i^{12}}^{12} \sum\limits_{j^{12}=1}^{4} o_{i^{12}j^{12}}^{12} Z_{j^{12}}^{12} + (d_0^{12})^- - (d_0^{12})^+ = 12\% \\[2mm] Z_{j^{12}}^{12} = \sum\limits_{k^{12}=1}^{4} u_{j^{12}k^{12}}^{12} \cdot y_{j^{12}k^{12}}^{12}, \ j^{12} = 1,2,\cdots,4 \\[2mm] \sum\limits_{i^{12}=1}^{4}\sum\limits_{k^{12}=1}^{4} g_{\eta^{12}i^{12}k^{12}}^{12} y_{i^{12}k^{12}}^{12} + (d_{4+\eta^{12}}^{12})^- - (d_{4+\eta^{12}}^{12})^+ = q_{\eta^{12}}^{12}, \ \eta^{12}=1,2 \\[2mm] \sum\limits_{k^{12}=1}^{4} y_{i^{12}k^{12}}^{12} = 1, \ i^{12}=1,2,\cdots,4 \\[2mm] (d_\bullet^{12})^+, (d_\bullet^{12})^- \geqslant 0, \ y_{i^{12}k^{12}}^{12} \in (0,1), \ Z_{j^{12}}^{12} \geqslant 0 \end{cases}$$

其中，$W^{12} = (0.25, 0.28, 0.29, 0.18)$；$H^{12} = (0.10, 0.11, 0.13, 0.09)$；$B^{12} = (10, 7)^T$。

$$U^{12} = \begin{bmatrix} 0.13 & 0.10 & 0.14 & 0.12 \\ 0.14 & 0.12 & 0.15 & 0.10 \\ 0.14 & 0.13 & 0.15 & 0.14 \\ 0.09 & 0.11 & 0.10 & 0.13 \end{bmatrix}$$

$$G_1^{12} = \begin{bmatrix} 2.1 & 2.3 & 2.7 & 2.0 \\ 2.6 & 2.1 & 2.5 & 2.2 \\ 2.3 & 2.5 & 2.7 & 2.1 \\ 1.9 & 2.4 & 2.1 & 2.6 \end{bmatrix}$$

$$G_2^{12} = \begin{bmatrix} 1.5 & 1.3 & 1.7 & 1.4 \\ 1.7 & 1.3 & 1.8 & 1.2 \\ 1.6 & 1.6 & 1.9 & 1.4 \\ 1.4 & 1.6 & 1.8 & 1.3 \end{bmatrix}$$

$$O^{12} = \begin{bmatrix} 1 & 0.89 & 0.86 & 0.69 \\ 0.89 & 1 & 0.96 & 0.62 \\ 0.86 & 0.96 & 1 & 0.60 \\ 0.69 & 0.62 & 0.60 & 1 \end{bmatrix}$$

求解得出：

$$Y^{12\,*} = \begin{bmatrix} 1 & 0 & 0 & 0 \\ 0 & 0 & 1 & 0 \\ 0 & 0 & 1 & 0 \\ 0 & 0 & 0 & 1 \end{bmatrix}$$

此时各项目模块的质量改善率和资源消耗率如表 4 - 3 所示。

表 4 - 3　　　　　　　　第 2 层最优匹配结果

项目名称	资源 1 消耗量	资源 2 消耗量	质量改善率（%）
机身项目模块	2.1	1.5	13
机翼项目模块	2.5	1.8	15
尾翼项目模块	2.7	1.9	15
起落架项目模块	2.6	1.3	13
总研制项目	9.8	6.8	14.06

从以上结果可看出，机身项目子模块和起落架项目子模块应分别采用方案 c_{21}^{11} 和 c_{24}^{11}，而机翼项目子模块和尾翼项目子模块则共同采用方案 c_{23}^{11}，这是因为机翼子模块和尾翼子模块具有较为高度相同的质量特性，因此在资源选择上

具有共通性，合作开发，可降低资源的消耗率。按照此种匹配方案，可以在实现项目改善目标最大化的同时，提高资源的使用率。

4.4　数值结果分析

4.4.1　一级项目模块的质量控制方案结果分析

本章的第三部分分别对航空研制项目的一级项目模块和二级项目模块进行了方案选择的具体分析。如图 4-2 所示，在 Y^{II*} 项目模块质量方案匹配下，各个项目模块的质量改善率都比原计划改善率高。

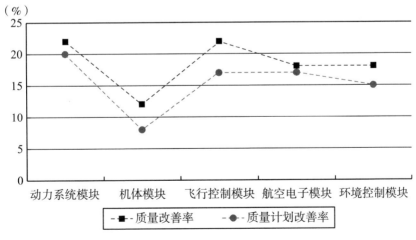

图 4-2　一级项目模块质量改善情况

从仿真过程看，在有限的资源情况下，满足各个模块的质量需求的方案匹配方法有 135 种，但只有上述项目模块的匹配方案，能使得总项目产品质量改善率最大。因为不能穷举，为了说明了问题，从 135 种选择任一种说明，其匹配过程如下：

$$Y^{11\alpha} = \begin{bmatrix} 0 & 0 & 0 & 0 & 0 & 1 \\ 1 & 0 & 0 & 0 & 0 & 0 \\ 0 & 0 & 0 & 0 & 1 & 0 \\ 0 & 1 & 0 & 0 & 0 & 0 \\ 0 & 0 & 1 & 0 & 0 & 0 \end{bmatrix}$$

此时该方案仍能满足各个项目模块的质量改善计划率（如图 4 - 3 所示），但其总项目的质量改善率为 18.32%，小于 Y^{11} 中所匹配方案的总项目产品质量改善率 19.6%。

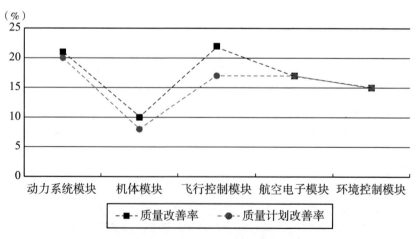

图 4 - 3　一级项目模块质量改善情况对比图

本书与刘远等（2012）[93]中只是对方案的综合优度进行排序的方案选择不同。本书通过算法设计，得出了如何具体对各个模块的资源分配及方案选择。并通过多目标的优先级设定，使得所得方案匹配结果在有限的资源约束下，既满足了各个项目模块的质量改善计划，又使得总项目质量改善率最高。

4.4.2　二级项目模块的质量控制方案结果分析

同样地，对于二级项目模块，按照 Y^{12^*} 中所选择的子项目模块与方案的匹配，各个模块的质量改善率都超过了所对应的质量计划改善率，如图 4 - 4 所示。

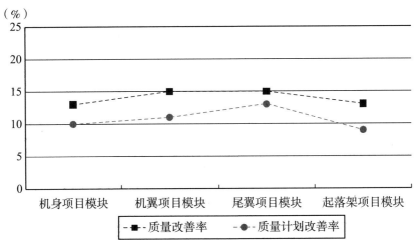

图 4 - 4　二级项目模块质量改善情况

从仿真过程看，在有限的资源情况下，满足各个模块的质量需求的方案匹配方法有 155 种，但只有 Y^{12} 中项目模块的匹配方案，能使得总项目产品质量改善率最大。因为不能穷举，为了说明了问题，从 155 种选择任一种说明，其匹配过程如下：

$$Y^{12\alpha} = \begin{bmatrix} 0 & 0 & 1 & 0 \\ 0 & 1 & 0 & 0 \\ 1 & 0 & 0 & 0 \\ 0 & 0 & 1 & 0 \end{bmatrix}$$

此时该方案仍能满足各个项目模块的质量改善计划率（如图 4 - 5 所示），但其总项目的质量改善率为 12.63%，小于 Y^{12^*} 中所匹配方案的总项目产品质量改善率 14.06%。

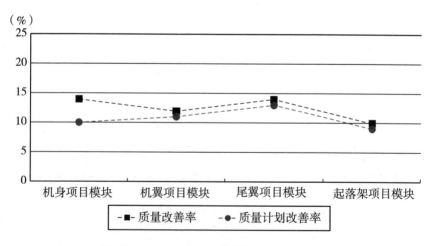

图 4 - 5　二级模块质量改善情况对比

该部分考虑了项目模块具有可合作开发性，因此共用一种方案，可以节约资源。综上所述，按照本书所设计的多层级目标优化方法及算法，可使得航空装备研制项目在有限的资源情况下，既保证各个子项目模块实现质量改善计划率，又能使得总研制项目的质量改善率达到最大值。

4.5　本 章 小 结

航空装备研制项目的质量控制问题由于航空产品的复杂性，决定了解决该问题的难度。由于航空装备研制项目供应商的多层级性，使得航空装备研制项目的模块集成商与项目供应商之间的质量控制具有多层次性特点。如何在有限资源的约束下，使得项目整体改善目标最大，提高子项目模块质量改善率，以及完成质量方案与项目模块的匹配是本章解决的主要问题。

刘远等（2012）[93]的最终结果为，根据方案的综合改善效果来进行质量控制方案的优先执行度排序。而由于不同项目模块具有不同的质量特性，因此本书认为应根据各个项目模块的质量特性，具体进行方案的匹配。本章在刘远等（2012）[93]的基础上，从项目模块化的角度出发，提出了一类项目模块化质量控制方案的整数规划与多目标规划相结合的多级递阶决策模型。以某型号研制项目为例，在考虑同一层级模块间的质量关联性，不同模块间的资源依赖情况，构建了具体的多目标规划问题。并以上一层级的资源约束以及项目整体改善目标约束为前提，完成下层项目方案的设计。为航空装备研制项目的模块集成商对模块提供商的质量控制方案的选择提供了思路借鉴。本章通过构建多目标多层级整数规划模型，解决了航空装备研制项目的质量控制方案的选择与匹配。

第5章 航空装备项目的
模块化质量改进

本章主要研究航空装备研制项目模块化质量改进的基本流程和方法，对"装备调查分析—质量选择分析—质量控制分析—质量改进方案"等主要流程中涉及的主要方法进行系统研究。本章的结构安排如下：首先，分析航空装备研制项目模块化质量改进的特性，提出 RSCD 循环模式；其次，研究了该循环中各个阶段的分析流程和方法；最后，构建了 RSCD 具体循环流程图，并对该循环模式的特点进行总结。

5.1 航空装备项目模块化质量改进特性

5.1.1 航空装备项目特点分析

航空装备研制项目作为大型复杂研制项目，具有辐射面宽、产业链长、连带效应强等特点，它是典型的高技术、高风险和高附加价值的战略性项目。航空装备研制项目的研制周期长，涉及的环境因素多；技术含量高、独创性强；涉及的零部件众多，研制与生产过程复杂；产品运行过程中高度脆弱，对售后服务质量保障要求高；投资规模大，资金风险高；参与方存在异地协同关系，管理难度大。航空装备研制项目的这些特性使得其项目质量管理难度大，而装备类产品的严格质量要求使得项目集成商要实现趋于零缺陷的完美质量水平，这就要求集成商要以顾客的需求为导向，通过严格、集中、高效地改善企业流程管理质量，并采用量化的方法分析流程中影响质量的关键因素，及时改进，提升产品质量服务水平和服务质量水平。

5.1.2 模块化质量改进分析

项目质量改进[60]是项目质量管理的一个组成部分，为了提高所提供产品或服务在激烈竞争中的优势，提高利润，项目集成商必须在满足顾客对产品和质量管理体系的要求和基础上，及时发现并研究项目设计、项目质量控制过程中的问题，持续改进项目质量和完善质量管理体系，降低项目质量波动，并采用合适的质量工具及技术手段对项目实施所涉及的时间、资源和成本等及时进行协调配合，以使得项目能够按照计划的时间要求和质量要求完工。质量改进与质量控制性质完全不同。质量控制是严格实施计划，而质量改进是要突破原计划，通过质量改进，达到前所未有的质量性能水平，最终结果是以明显优于计划的质量水平进行经营活动。

本章要研究的航空装备研制项目模块化质量改进与通常所说的项目质量改进有不同之处。本章所述的项目模块化质量改进主要是从宏观上对项目模块的整体进行质量控制或改进。项目集成商为了提高产品质量和服务质量，需要对项目提供商的新研制产品项目设计、项目方案选择过程、项目实施过程等进行质量控制。项目模块化质量的改进就是通过对项目模块供应商提供服务的全过程进行控制，及时发现影响产品问题的因素，并从全局的角度进行模块供应商的选择和项目模块方案的选择，通过构建合理的组织结构和质量管理体系，采用先进的质量管理模式和工具，对项目所涉及的信息资源及时传递，实现项目整体质量改善率最大化和效益最大化。

该项目模块化质量改进应遵循以下原则：

（1）科学性。采用科学的数据客观地描述和分析问题，一旦出现问题，马上行动，并针对根本原因采用长期控制，实施预防性措施。

（2）实践性。项目集成商在项目运行过程中通过不断对所拟定的方案进行实践，在实际中改善项目运行中的流程和管理，提高产品质量和服务质量，并不断在实践中积累经验，逐步完善。

（3）发展性。随着市场变化及顾客需求的提高，随着研制项目对新技术和新管理组织的要求，项目集成商可采用新的技术手段和分析方法，对所收集的信息库进行整理和分析，并构建更高水平的质量改进方案，以不断适应新的挑战。

5.2　质量改进的 RSCD 循环模式构建

研究航空装备研制项目的模块化质量改进问题，首先要从影响研制项目模块化质量的因素着手。本章认为可以从以下几个方面进行分析：

（1）装备调查分析。通过对装备的产品设计过程、生产过程进行分析，了解项目特点，并分析集成商的管理成熟度，根据现状合理进行组织管理和资源调配。

（2）质量选择分析。项目模块集成商为了提高项目质量，需要考虑模块供应商的生产研发能力、信息技术能力、准时交货能力、风险控制能力等，通过构建有效的供应商评价机制，合理选择项目模块供应商。

（3）质量控制分析。项目集成商通过组建项目质量功能小组，并采用定量方法制定相关控制原则，定期对关键供应商进行检查和指导，必要时对关键项目的产品质量进行全面检查，及时发现项目运行中的隐患并给予控制。

（4）质量改进方案分析。基于以上三方面的分析，为了实现新的质量目标，需要打破旧的平稳状态，达到新的质量管理水平。因此，需要采用新技术，并制定一整套全新的质量改进方案，以明显优于计划的质量水平进行经营活动。

项目质量改进是一个循环活动。根据美国质量管理统计学专家戴明（W. E. Deming）提出的产品质量的过程改进方法——PDCA 循环（plan-do-check-action）[60]，本书提出类似的项目模块化质量改进循环——RSCD 循环，即装备调查分析（research）、质量选择分析（selection）、质量控制分析（control）、质量改进方案设计（design）。其中 RSCD 循环中的每一个阶段又包含一个 PDCA 小循环，如每一阶段都包含该环节中问题的提出。如图 5 - 1 所示，RSCD 每循环一次，就应解决现有装备研制的问题，实现当前项目质量目标；对新问题，可作为下一个新的循环，进入下次产品研制项目的部分内容，进入新的更高层次的质量改进循环，从而一步步地提高质量。

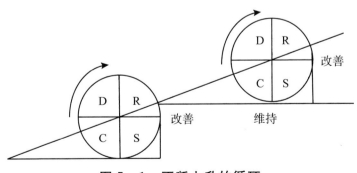

图 5 - 1　不断上升的循环

5.3 航空装备研制项目的模块化质量改进流程分析及设计

5.3.1 质量改进流程分析

（1）对于装备调查分析。由于研制项目的供应商分散在世界各个不同国家和区域，这种跨时空和异地协同管理给项目集成商的模块化管理增加了难度。由于航空装备研制项目的异地协同性，管理者对供应商进行跨组织管理，因此需要及时进行信息了解和资源协调分配，构建异地协同工作项目结构模型。在制定研制项目方案后，需要对项目集成商的管理成熟度进行分析，并制定具体的质量管理体系，以使得项目管理能够顺利进行。基于航空装备研制项目的复杂性以及航空产品的高质量要求，项目集成商除了有效地在质量控制阶段及时采用相应质量控制措施外，还要提前分析和发现项目运行中隐藏的影响项目进程和产品质量的因素，并及时制定相应的质量改善计划。

（2）对模块化质量选择分析，实际上是对供应商的选择分析。由于航空产品的主制造商—供应商模式，研制项目的很多模块被外包给分散在不同国家和地区的供应商。航空装备研制项目的模块化质量选择，主要是对项目模块供应商的选择问题。供应商所提供的产品及服务质量，直接决定了研制项目的成功与否。在航空产品质量的问题上，很大程度上是因为没有选择合适的供应商。因此，项目集成商在项目运行过程中，要及时分析和预防由于供应商选择不当所导致的资源分配不协调、信息共享不畅通、项目进展不顺利、企业质量经济效益低等问题。

在对所选择的项目模块供应商进行分析评价时，本书认为应坚持以下原则：

一是能力互补的原则。由于航空装备研制项目是由多个供应商完成的，因此项目集成商必须考虑节点间的资源协同优化、集成与互补问题。在考虑供应商基本的企业运作能力、质量管理能力、生产研发能力、信息技术能力、社会影响等传统的因素外，还要对多个供应商间的整体资源协同能力进行评价。

二是顾客效用优先的原则。在对项目模块供应商选择时，应优先考虑是否具备差别化、个性化服务。所选择的供应商除了满足顾客的基本要求外，还应以更低成本、更高效率的响应速度为顾客提供个性化的产品服务系统，创造顾客效用价值。

三是整体风险最小的原则。航空装备研制项目的项目结构复杂，项目周期长，技术含量高，因此是高风险性项目。集成商采用"主—供"模式除了是为顾客提供更多元化分服务，一个重要原因是为了规避风险，降低资产专用性风险、需求变化风险以及市场供给风险。因此对质量供应商选择应达到基于抗风险能力整体增强的效应，使项目集成商承担的风险最小化。

（3）对质量控制方案决策分析。航空装备研制项目集成商对项目模块供应商的质量控制不是传统意义上对产品的具体质量控制，而是对供应商的质量控制方案的选择、质量控制管理方式等进行改进。航空装备研制项目模块化质量改进，最关键的问题就是及时发现供应商所提供产品和服务中的问题，并及时进行质量控制，提升项目质量整体质量。一般情况下，项目集成商通过组建项目质量功能小组，定期征集项目模块供应商的质量控制方案，并分析其质量控制现状，及时发现项目运行中的隐患，对关键供应商进行检查和指导并给予控制。

（4）对模块化质量改进方案设计分析。在质量改进方案设计前，应该充分了解内外部环境的变化，包括项目集成商的组织管理能力、组织管理现状、供应商评估标准、质量控制方案实施状况等。研制项目集成商通过对装备项目的内外部环境分析以及管理成熟度分析，对现有项目质量供应商的选择结果评价分析以及对项目模块供应商的质量控制状态分析，最终设计一套完整的项目质量改进方案，对可改善的问题进行质量改进方案执行。由于航空装备研制项目具有研制周期长，市场和技术风险大，质量要求高等特点，项目集成商在项目质量改进方案执行过程中，需要发现未执行前的质量改进方案设计中的问题，并及时进行改进，为下个阶段的项目模块化质量控制提供借鉴。

5.3.2　质量改进流程设计

航空装备研制项目的模块化质量改进是一个复杂的过程，综合了对项目集成商的资源提供、组织管理、供应商的选择问题，质量方案控制问题等，最后形成质量改进方案。基于 RSCD 的循环性，结合以上分析，本章构建具体的模块化质量改进的 RSCD 循环具体流程图，如图 5-2 所示。

5.3.3　改进流程中的具体改进步骤及方法

5.3.3.1　装备调查分析步骤及方法

第 1 步，结合产品和服务质量目标，分析项目质量进程现状，找出存在的和潜在的项目质量问题。需要通过市场调研，收集数据，构建质量评价指标体系，寻找关键质量影响因素。项目集成商需从内部和外部两方面分析：外部环境包含市场风险、政策导向、顾客需求变化等；内部环境包含企业融资能力、技术水平、组织管理等方面。

第 2 步，找出影响和潜在影响项目质量问题的各种原因。

第 3 步，通过对所有影响因素影响能力评价，采用重要性—表现程度分析法（importance-performance analysis，IPA）、层次分析法等方法测评需要改进的服务质量因素，对影响因素进行过滤，找出最关键的质量因素。

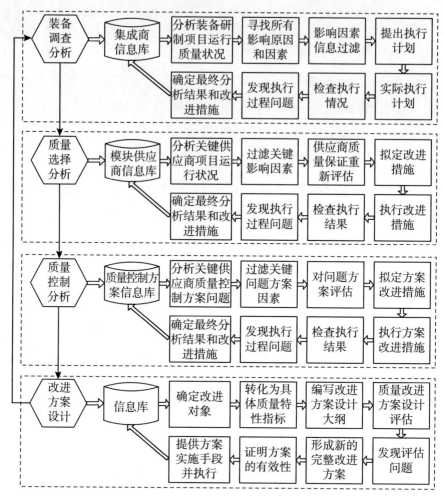

图 5 - 2　模块化质量改进流程

　　第 4 步，针对关键因素，制定相应的质量管理对策和技术改进措施，提出执行计划。

　　第 5 步，按照预订的质量计划、目标和措施及其分工去实际执行。

第 6 步，根据计划要求对实际执行情况进行检查，寻找和发现计划执行过程中的问题。对于内部环境的变化主要通过构建组织管理成熟度模型，对现有管理模式进行分析，并通过构建模块化程度函数和模块敏感度函数，及时发现组织管理中存在的问题或潜在的问题。

第 7 步，根据检查结果，对存在的问题进行剖析，确定原因，确定最终的装备调查分析结果和改进措施。

第 8 步，提出尚未解决的问题，并将其转到下次循环中去。

5.3.3.2　模块化质量选择分析步骤及方法

第 1 步，结合产品和服务质量目标，分析项目模块质量进程现状，找出存在的和潜在的项目供应商质量问题。

第 2 步，分析造成项目运行过程不顺利或出现质量问题的各种模块，并过滤出关键项目模块质量供应商。项目集成商可构建服务质量评价模型，例如，SERVQUAL 模型等，评价供应商提供服务质量能力。

第 3 步，针对出现问题的关键项目模块供应商，对这些供应商运行现状进行综合评估。从产品的质量需求维度、供应商与集成商间的合作需求维度以及所提供满足顾客需求的服务质量维度，构建多维度的质量屋（MHOQ），采用新的高效的质量评价工具，收集数据，对供应商的进行综合评价。

第 4 步，针对评估结果，及时制定供应商质量改进对策，拟定相应的供应商选择对策。

第 5 步，按照预订的质量计划和目标及其分工去实际执行。对于可改善的供应商及时进行质量控制和指导。对于与预期目标相差较大的供应商，及时进行更换。

第 6 步，根据计划的要求，对执行结果进行检查，寻找和发现执行过程中仍旧存在的问题；构建资源协同模型，分析资源的协同利用率。

第 7 步，根据执行的结果，对存在的问题进行剖析，确定原因，确定最终的模块质量选择分析结果及改进措施。

第 8 步，对于执行过程中，如果发现项目模块质量与预期目标仍旧相差较大，在下一次循环时更换关键供应商。

5.3.3.3　质量控制分析步骤及方法

第 1 步，根据《质量管理体系要求》（GJB 9001B - 2009）等，结合产品和服务质量目标，依据质量分析中发现的有质量问题的关键供应商，分析关键项目模块提供商的产品或服务质量进行现状，找出存在和潜在的质量控制问题。通过对其制造过程控制建模，及时对供应商所提供产品的质量进行监督，并采用 PDPC 法或缺陷引入发现矩阵预测状况变化，及时做好应对措施

第 2 步，分析造成供应商所提供产品或服务质量问题的各种因素，并过滤出影响质量控制的关键因素。

第 3 步，针对关键项目模块供应商所提供的质量控制方案进行综合评价。

第 4 步，针对评估结果，对可改善的质量控制方案运行中出现问题的，及时对质量控制方案进行改进，拟定相

应的质量控制执行方案；对问题较大的质量控制方案，项目集成商应辅助模块供应商重新进行方案的选择。

第 5 步，按照预订的质量计划和目标去实际执行。本书提出了多层级多目标质量控制方案选择分析方法，以实现在项目整体中质量控制方案与项目模块的匹配。

第 6 步，根据计划的要求，对执行结果进行检查，寻找和发现执行过程中仍旧存在的问题。项目集成商可通过采用测量系统分析技术（MSA）对供应商质量管理建模，研究项目供应商质量管理流程与装备研制项目的融合。

第 7 步，根据执行的结果，对存在的问题进行剖析，确定原因，确定最终质量选择分析结果及改进措施。例如，通过对其售后服务过程建模，对供应商所提供的服务质量进行控制和预防。

第 8 步，在执行过程中，对于尚未解决的问题，为了较大幅度的提高项目质量，在下一次循环中项目集成商应辅助模块供应商重新进行质量控制方案的选择。

5.3.3.4　质量改进方案设计步骤及方法

第 1 步，依据产品和服务质量目标，结合装备调查分析中的问题、质量选择分析中的问题以及质量控制分析中的问题，确定改进的对象。在确定质量改进对象的过程中，项目集成商需构建项目质量考评机制，建立评估模型，对项目模块运行质量状态进行评估和预测。

第 2 步，将需要改进的对象采用相应方法，将其转化为需要改进的具体产品、服务以及组织管理的项目质量特性指标。采用 QFD 瀑布式分解模型将顾客需求及产品要求转化为具体的项目控制质量特性。

第 3 步，编写改进方案设计大纲，包括方案设计的内容，方案执行的注意事项等对项目质量改进方案进行初步设计。

第 4 步，根据计划的要求，对质量改进方案进行评审，检查和评估可能出现的问题。项目集成商需构建预测模型，预测质量改进方案在运行中可能出现的问题，并及时纠正。

第 5 步，对初步方案进行改善，形成完整的新的质量改进方案。

第 6 步，证明这些改进方案的有效性。

第 7 步，提供质量改进方案实施控制手段，以保持其有效性。

5.4　本章小结

质量改进是组织长期的任务，应对质量改进过程进行策划，识别和确立需要改进的项目，有计划有步骤地一个接一个项目着手改进。同时应注意，质量改进不应局限于纠正措施和预防措施，还必须发动全员分析现状。本章提出了对航空装备研制项目进行模块化质量改进的 RSCD 循环模式，并给出了各个分析阶段的分析流程和主要采用的方法，为研制项目集成商提供了项目模块化质量改进方法的建议。

第6章 航空装备产业协同创新的模块化质量协同

从质量管理的角度看，航空产业的协同创新首先是质量的协同创新，航空装备模块化质量控制模式将对其产业协同创新具有重要影响。本章首先分析了航空装备产业协同创新的内涵及特征，并从产业融合及创新主体的角度分析了航空装备服务型制造网络以及产业协同创新联盟两种组织形态。基于服务型制造网络的结构，分析航空装备产业协同创新的服务型制造价值链结构、价值创造及价值创新形式。重点研究航空装备产业协同创新的模块化质量协同问题，构建模块化质量协同演化模型及运动轨迹模型，并进行仿真分析。最后分析模块化质量控制模式及模块化质量协同模型对产业协同创新的影响。

6.1 航空装备产业协同创新

6.1.1 航空装备产业协同创新的内涵

党的十八大明确提出："科技创新是提高社会生产力和

综合国力的战略支撑，必须摆在国家发展全局的核心位置"。协同创新作为落实党的十八大精神和实施创新驱动发展战略的重要举措和现实选择，对于提高我国自主创新能力和国际竞争力，并进一步推进创新性国家建设的步伐具有重大意义[112]。作为一种新的产业与科技创新模式，协同创新实现了开放式创新服务网络环境下创新主体的跨组织协同以及创新要素的跨区域、跨时空服务组合优化，有利于提高创新能力、创新效率和创新效益。协同创新问题也得到了各级政府、实业界和学术界的广泛关注，并成为当前的研究热点之一。国内外学者对协同创新机理[113]、协同创新模式与机制[114]、协同创新效率及其影响因素[115]、协同创新评价及发展路径[116,117]等关键问题进行了大量研究，并取得了诸多研究成果。

借鉴国内外学者对协同创新的定义，本书认为航空装备产业协同创新是指[118]，在开放式创新服务网络环境下，航空装备制造企业以企业发展战略为导向，与所有利益相关者（用户、竞争者、科研机构、高等院校、政府、行业协会等）自组织为相对稳定的开放性服务创新网络，在对各网络节点的创新主体进行利益协调并构建协同创新机制的基础上，通过协同创新服务平台，对航空制造产业全产业链、全过程、全服务创新要素进行集成共享和优化配置，协同实现企业产品和服务的改进和创新，进而提高各创新主体的创新能力、创新效率、创新效益以及核心竞争力的一种协同创新模式。概括而言，航空产业协同创新的实质是以创新主体的跨组织协同以及创新要素的跨时空聚合为前提和基础，以协同创新机制、协同创新服务平台为支撑和保障，以航空产业全产业链、全过程、全要素协同为核心，以合作共赢为最终目标。

6.1.2 航空装备产业协同创新的特征

根据上述定义及内涵的描述，航空产业协同创新除具有协同创新的共性特征之外，还与航空产业的自身特点密切相关，其典型特征如下[118]：

（1）开放性。一方面，随着组织创新边界的不断扩展，创新资源的全球整合与优化配置趋势越来越明显，航空制造企业更加需要借助全球化的开放资源来提升其自主创新能力；另一方面，航空产业的生产全球化及分工专业化趋势、我国航空产业区域布局与分工现状使得各地区的航空产业都形成了复杂的产业网络，并各具特色和优势，而当前航空产业的发展、航空企业创新能力的提升已不再局限和依赖于某个单独企业或者是某个区域。因此，航空产业协同创新系统必须与系统内外部的各创新主体和创新要素进行密切互动，才能为其创新活动提供持续的动力支持，不断提升其创新能力。

（2）系统性。航空装备产业协同创新是在对各网络节点的创新主体进行利益协调并构建协同创新机制的基础上，通过搭建协同创新服务平台，来对航空制造产业全产业链、全过程、全服务创新要素进行集成共享和优化配置的系统工程。在这一复杂的协同创新过程中，三大创新主体（政府、航空制造企业、科研院校）需要一系列利益协调、知识分享和风险控制机制来形成一个稳定的开放式创新服务网络，从而实现多主体行为之间的知识交互，还需要利用创新需求与服务供给的多重动态匹配来实现创新要素的聚合和优化配置，并最终通过"三全一协同"来实现协同效应的最大化。

（3）复杂性。航空装备具有结构及制造工艺复杂、性能要求高、信息量大、涉及学科多、研制周期长、投入高、风险大等典型特点，这使得航空产业协同创新项目多为重大或重点项目，对创新的要求很高。此外，在航空产业协同创新项目攻关过程中，协同创新行为主体多元且量多，既可能是区域内也可能是跨区域、跨国界，各协同创新主体都各自内嵌于一个或者多个协同创新网络，同时开展多种协同创新项目攻关工作，这使得协同创新组织网络、协同创新主体交互方式、协同创新项目攻关过程、协同创新项目管理等方面都具有高度复杂性。

（4）动态性。国内外航空产业的发展经验和创新发展路径表明，自主创新能力的形成和提升是一个动态的培育和成长过程，这不仅需要立足于产业和区域发展实际，还需遵循一定的科学发展规律。航空产业协同创新系统是在开放式创新服务环境下，通过协同创新机制和协同创新服务平台的支持，协同创新要素的聚集，协同创新主体的协同，不断增强协同创新能力，进而实现协同创新绩效的过程。而从创新要素聚集到创新能力形成，从创新能力提升到协同创新绩效的实现，需要经历多次动态成长和演化阶段。

6.2　航空装备产业协同创新的组织体系

6.2.1　航空装备服务型制造网络

近一个世纪以来，随着市场需求与经济发展的快速变化，科技进步与产业政策的实时演变，使得制造模式不断改变，为了扩大生产规模，提高产品质量和生产速度，增强市场竞争力，在传统技术逐步向现代高新技术发展、渗透、交汇和演变的过程中，形成先进制造技术的同时，出现了一系列先进的制造模式，如大规模定制、柔性制造、JIT 生产、LP 生产、CIMS 生产、敏捷制造等。这些制造模式改变了传统的大批生产，实现了制造的柔性和多品种、小批量生产。例如，戴尔的 JIT 生产模式实现"零库存"管理，很大程度上降低了管理成本，为企业带来了较大收益；日本丰田的精益生产，消除了因大量制造成的臃肿和浪费，使制造资源合理分配，充分利用。但上述制造模式在价值实现上一般通过实体产品实现有限增值，较少关注服务；在运作模式上强调制造资源集成与优化，较少关注企业模块单元的互动集聚与协同。直至 20 世纪中后期，制造业在西方发达国家的国民经济的比重持续下降，服务业比重逐渐上升，经济结构逐步完成了从工业经济时代到后工业时代的转变，实现了从"产品经济"到"服务经济"的转变。即随着产业集群化和竞争力的增强，服务型制造应运而生。服务型制造是在经济全球化大背景下，随着科学技术的不断发展，客户需求不断多样化，由制造和服务相互融合而产生的一种新的生产模式，它模糊了服务业与制造业的界限。服务型制造是制造业与服务业融合发展的新兴产业形态，是资源危机与环境挑战、经济发展与技术进步以及顾客需求与企业竞争等多因素约束条件下的生产方式。作为一种新型的制造方式，服务型制造在现代工业企业的发展中越来越受到管理者的重视，这一制造模式的典型表现是从传统的产品制造向提供产品服务系统和整体解决方案的转变。具体来说，是指制造业通过整合有形实体产品与无形价值服务，提供"产品＋服务"这一广义产品的价值形态，实现内部价值链及外部价值链上各个环节的价值增值，从而达到增强企业竞争优势的目的。

从服务型制造的组织结构来看，多为链状或网状，是由企业之间或部门之间通过多个节点连接而成的网链结构。除服务型制造集成商外，服务型制造的组织结构中包含三类主要模块，即生产性服务模块、服务性生产模块以及顾客效用模块，如图 6－1 所示。

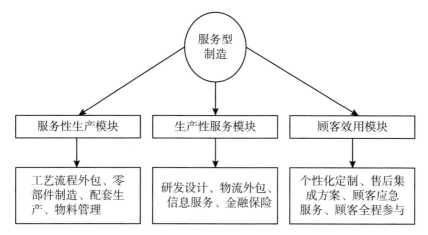

图 6 - 1　服务型制造的模块功能

服务型制造通过整合分散的制造资源和服务资源，使企业间的生产性服务、服务性生产和顾客效用三方面相互协作，将服务作为价值链各个环节参与者之间沟通的载体，进而为企业带来巨大的经济效益；通过顾客的全方位参与，以及售后集成方案的创建有利于为顾客提供个性化服务，提高产品品牌影响力。生产性服务模块为价值链的每个环节提供生产性服务支持，将服务嵌入整条价值链。服务型制造的构建有利于改变国内经济增长方式，促进中国制造业产业升级，增强企业的竞争力。

服务型制造网络（service-oriented manufacturing net-work，SMN）是制造业和服务业融合发展过程中，在服务需求以及服务能力驱动下，由制造企业、服务企业的相关部门或人员以及顾客构成的一种能力与需求的合作网络。SMN 的行为主体主要包括顾客参与、制造企业以及服务企业。通过建立服务型制造网络系统，可以为企业提供更有效的产品和服务，来实现经济、社会和环境效益的最大化。根据服务型制造网络在实际中的表现可分为两类[7]，一类是有主导企业的支配型价值模块集成模式。具体表现为中小企业通过为大型企业提供配套的制造流程或服务流程模块功能，与大企业实现合作；另一类是无主导企业的平等型价值模块集成模式。它是由制造业与服务业自发集聚的价值模块协同模式，具体表现为各企业通过相互之间的功能互补、分工合作，实现低成本、高效率的分散化价值模块协同功能。

航空装备产业服务型制造网络表现为有主导企业的支配型价值模块集成模式，即航空装备的配套企业通过为大型航空企业提供配套的制造流程或服务流程模块功能，共同完成产品的研发、加工、组装和销售，通过服务性生产模块节点（提供制造服务的服务模块提供商）、生产性服务模块节点（提供生产性服务的服务模块提供商）、顾客效用模块节点（顾客的参与）和服务集成模块节点（将三个模块进行集成的服务模块集成商）四类模块节点将整个航空产业联系起来，形成航空装备服务型制造网络。其中，服务集成公司起主导作用，支配其他模块提供商提供产品和服务，构成典型的支配型价值模块集成模式，如图 6 - 2 所示。

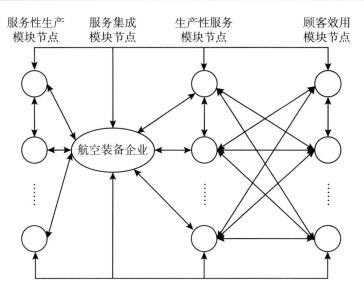

图 6 - 2　航空装备企业服务型制造网络示意图

资料来源：冯良清．服务型制造网络节点质量行为研究［M］.北京：经济科学出版社，2012，12：30.

图 6 - 2 中服务性生产模块节点代表为服务集成公司提供服务性生产业务的供应商，生产性服务模块节点指为服务集成公司提供生产性服务业务的提供商，服务集成模块节点代表航空企业服务集成总部，通过顾客参与和信息的有效传递，使得服务性生产提供商和生产性服务提供商协同运作。

6.2.2　航空装备产业协同创新联盟

产业协同创新联盟是指由企业、大学、科研机构或其他组织机构，以企业的发展需求和各方的共同利益为基础，以提升产业技术创新能力为目标，以具有法律约束力的契约为保障，形成的联合开发、优势互补、利益共享、风险共担的技术创新合作组织，它是实施国家技术创新工程的重要载体。

航空装备产业属于高端装备制造业，用高新技术和先进适用技术改造传统的制造模式，创建由航空装备制造企业、大学、科研机构或其他组织机构组成的，"产、学、研、用"相结合的产业协同创新联盟，有利于整合资源优势，形成高效运行的产业价值链，提升航空装备产业的综合竞争力。目前适合高端装备产业技术创新联盟的方式主要有契约型联盟和实体型联盟，前者建立在成员意识自治的基础上，其联盟形式较为灵活，但组织结构比较为松散，难以建立高效的运行机制和有效的协调机制；后者联盟协议性质属于民事合同，协议内容完全由联盟各方自行确定，联盟较为稳定。

联盟是为了将各自的核心能力优势结合起来，追求联合的协同效应。产业技术创新联盟发展既受政府、大学和科研机构等内部因素的影响，又受到政治、经济、文化等外部因素的制约。航空装备产业在选择合作方的时候应当多角度分析，全方位考虑，并且选择合适的联盟对象和联盟方式。

6.3　航空装备产业协同创新的
服务型制造价值

6.3.1　航 空 装 备 的 服 务 型 制 造 价 值 链 结 构

传统的价值链一般只涉及物质产品的制造过程，价值增值被认为只有通过大量的产品装配和制造技术才能实现，其根本是原材料转换成一系列最终产品的过程。随着服务业的兴起以及科学技术的进步，消费者对产品的需求也多样化，传统的大批生产已经不能满足市场需求，产品的核心竞争增加了无形的服务价值，价值链的增值环节变得越来越多，结构也更为复杂。服务型制造价值的创造过程，更多地强调产品的研发设计和后期的销售服务，因此需要改变传统的价值链结构。服务型制造的价值链模式可以概括为"三全模式"（丹尼尔·贝尔，1986）：全周期服务、全方位参与、全需求满足，充分体现了顾客的重要性，并将客户引入到企业管理体系中，通过各个模块节点的协作，实现柔性制造，提高企业对市场反应的灵敏度，增加企业的利润空间。

航空装备产业的服务贯穿产品的整个生命周期，针对航空产品的生命周期，可将其价值链构成分为研发、部件制造、装备、销售、服务五部分，服务型制造将传统价值链从纵向向横向延伸，实现了顾客、服务与制造的融合发展，将服务延伸到价值链（如图6-3所示）的各个环节，例如，根据售后的顾客反应和市场调研对产品进行研发和设计等，更有利于价值链中隐性价值实现。

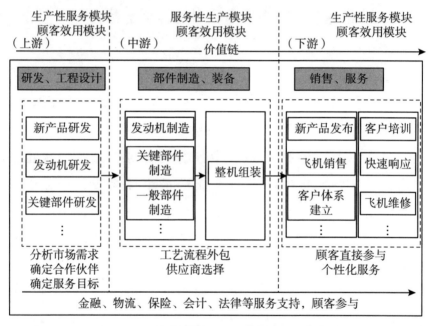

图6-3　航空装备产业全球价值链结构

从航空装备产业的服务型制造价值链的角度看，针对价值链的上游，企业应分析市场需求，选择合作伙伴，确定服务目标对产品进行研发设计；中游可将技术含量低，价值空间小的工艺流程外包，并分析模块化外包和外包网

络合作关系的成熟度，降低外包风险和成本；下游阶段要
结合产品特点对服务人员进行定期培训，提高服务质量，
建立良好的客户关系，并及时将顾客意见反映给上游部门，
及时做出技术改革和机型改进。服务型制造模式改变了传
统价值增值方式，增加了价值增值环节，价值链的各个环节
都是价值增值的源泉，整个价值链成为价值增值的聚合体。

6.3.2　航空装备的服务型制造价值创造

价值创造是指企业生产、供应满足目标客户需要的产
品或服务的一系列业务活动。航空装备产品价值含量高，
技术含量密集，原材料要求高，因此提升航空装备产业的
价值创造具有重要意义。顾客价值、核心能力和企业间的
相互关系是模块化网路组织的三个关键要素（余东华和芮
明杰，2008）[119]。从施振荣提出的微笑曲线（如图 6 - 4
所示）可以看出，价值链的上游和下游，即产品研发及售
后服务是产生附加价值最高的两个环节，因此航空装备产
业应当增强研发和技术设计能力以及品牌营销和服务能力，
提高企业价值创造能力。

服务型制造模式下的价值创造过程中，强调从传统的
产品制造价值向服务价值创造的转变，企业通过整合内外
部资源、业务流程的模块化服务以及科技的研发创新，实
现资源价值、顾客价值、绿色价值及服务价值的创造（如
图 6 - 5 所示）。

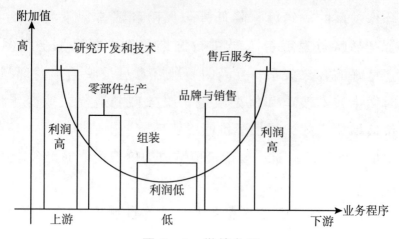

图 6 - 4　微笑曲线

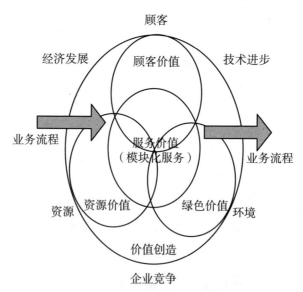

图 6 - 5　服务型制造的价值创造

资料来源：冯良清. 服务型制造网络节点质量行为研究 ［M］. 北京：经济
科学出版社，2012，12：22.

航空装备企业以"产品＋服务"的集成模式为宗旨，

通过航空主导企业控制和管理其他服务集团的方式，使得各个模块通过服务集成节点实现资源和信息的共享，降低产品的边际成本；通过业务流程的外包以及生产性服务商及服务性生产商之间的协作，减少企业的研发和管理费用，实现资源价值的创造。其中资源价值创造是服务型制造价值的重要来源。德鲁克（Drucker）指出，顾客购买和消费的并不是产品本身，而是基于产品的顾客感受到的价值。在服务型制造模式下，将服务顾客的思想贯穿整条价值链，航空装备企业通过设立专门的航空服务部门，快速响应顾客的要求和意见，及时进行产品的改进和改装，有助于产品的创新、品牌影响力及顾客满意度的提升，有助于增加价值创造中的顾客价值创造。低碳化的产品服务系统是全球倡导的任务，低碳化不仅要求企业保护环境，还要研究开发新技术。对航空企业而言，研制新型航空材料，生产出燃油使用效率高、低排放和低噪音的环保机型，必然会提高产品的竞争力，从这个角度讲，服务型制造对环境的保护意识有助于提高航空产品的绿色价值创造。制造企业服务化是将基本服务活动和辅助服务活动，通过价值链使得潜在服务价值流与显性服务价值流相互融合，将价值链向服务延伸而共同构成的服务价值创造系统，使得产品的价值依附在服务质量上。

6.3.3　航空装备的服务型制造价值创新

价值创新是企业取得竞争优势的基本途径（Kim and

Mauborgne，1998）[120]，价值创新不同于价值创造，它要求企业发掘新的市场空间和顾客价值，寻找新的价值源，因此企业必须重整关键资源、核心要素、特殊知识和技能，寻找发现新的竞争优势源（余东华和芮明杰，2008）[119]。服务型制造价值创新的关键是价值增值。服务型制造企业价值创新主要包括组织模式的创新和知识技术的创新。从组织模式方面看，航空企业通过服务型制造模块化，使得生产性服务模块提供商和服务性生产模块提供商既可独立运行又能彼此通过透明的信息交流相互影响，并且随时关注市场、政府等外部因素动态，及时做出策略调整，从产品、服务、模块三方面实现资源的充分利用和模块的分工协作，达到价值创新的目的。从知识技术的创新角度看，与企业、大学、科研机构或其他组织机构组成产业技术创新联盟，有利于航空企业整合资源优势，减少科研成本，提高产品的科技含量，形成高效运行的产业价值链，增加价值增值环节。

6.4 航空装备服务型制造的模块化质量协同模型

6.4.1 模块化质量协同的内涵

模块化质量是产品或服务模块分解的动态结果，是产品或服务模块固有特性的表现形式。模块化质量协同是具有核心能力优势的质量行为主体质量合作与模块质量特性的自适应过程。协同是系统各部分之间的相互协作的过程，使整个系统形成新的特质结构和特征。哈肯认为，在一个复杂系统的协同演化过程中，存在着许多参变量，如果某个或某几个参变量在协同演化过程中从无到有地变化，并能够支配或役使其他参变量，主宰着整个系统的演化过程，从而指示新的系统结构形成及其有序程度，这样的参变量即为"序参量"。

从模块化质量协同的影响因素看，在 SMN 的质量系统中，存在着影响系统平衡的多种因素，如质量标准化水平、服务质量水平以及组织的学习能力等，各个模块节点间通过相互影响及协作，最终使 SMN 模块化质量达到的一个较为稳定而又高效运行的协同状态。从 SMN 行为主体的核心能力看，模块化质量协同是行为主体核心能力合作的结果，模块化的流程服务在各行为主体的能力作用下趋于协同。因此，模块化质量协同具有两个特性：（1）合作博弈特性。SMN 模块化质量协同是质量行为主体能力优势强强联合的结果，从而达到最优的质量效应。（2）自适应性。根据协同论的原理，处于非平衡状态的 SMN 模块化质量系统会自动地向有序的平衡态演变，最终在时间和空间上形成稳定的平衡状态。

6.4.2　模块化质量协同模型构建

6.4.2.1　问题描述及相关假设

SMN 中存在许多复杂的模块节点，为方便研究，本书假设由服务性生产模块、生产性服务模块以及顾客效用模块构成的一个简单的航空装备服务型制造网络。在 SMN 模块化协同过程中，存在着多种影响节点能力合作的质量因素，如质量标准化水平、服务质量水平、质量创新水平以及组织间的合作与学习能力等，这些都是确定模块化质量协同应考虑的因素。本书仅从核心能力优势及主动适应性方面研究关键影响因素，认为 SMN 节点的模块化服务核心能力、模块化服务质量水平、模块化质量创新水平为影响模块化质量协同演化的序参量，三者共同决定了 SMN 模块化质量协同的最终状态。符号说明如表 6-1 所示[121]。

表 6-1　　　　　　　符号说明

符号	含义	符号	含义	符号	含义
$i = 1$	服务性生产模块	$F_i(t)$	随时间变化的随机涨落力	α_5	x 与 y 之间相互作用对系统模块化质量协同状态的影响
$i = 2$	生产性服务模块	F_j $j = x,$ y, z	质量序参量 j 的作用力	α_6	x 与 z 之间的相互作用对系统模块化质量协同状态的影响

续表

符号	含义	符号	含义	符号	含义
$i=3$	顾客效用模块	ε_x	x 的阻尼系数	β_1	x 与 y 之间的相互作用力系数
q_i	模块 i 的质量状态	ε_y	y 的阻尼系数	β_2	x 与 z 之间的相互作用力系数
q	SMN 模块化质量系统	ε_z	z 的阻尼系数	β_3	x 与 z 之间的相互作用力关系
a_i	q_i 的变化率	α	x 的质量效益系数	β_4	x 与 z 之间的相互作用力关系
b_i	模块间相互作用力对 q_i 变化率的影响程度	α_1	x 对系统模块化质量协同状态的影响	$X(x, y, z)$	SMN 价值模块化质量协同的模拟状态点
x	模块化服务核心能力	α_2	y 对系统模块化质量协同状态的影响	v_j $j=x,$ $y,$ z	X 点在序参量 j 的作用力下的运动速度
y	模块化服务质量水平	α_3	z 对系统模块化质量协同状态的影响	r	X 点质量状态空间的矢量
z	模块化质量创新水平	α_4	自反馈系数		

6.4.2.2 协同演化模型

根据 SMN 质量协同的自适应特性，SMN 内部存在着非线性作用力和随机涨落力，结合其演化特性，可用郎之万方程[122-123]为主要工具，对整个 SMN 的演化进行描述：

$$\frac{dq_i}{dt} = -y_i q_i + G_i(q_i) + F_i(t) \qquad (6.1)$$

下面用自组织运动方程来描述 SMN 三个模块的质量的状态变化及其相互作用[123]：

$$\begin{cases} \dfrac{dq_1}{dt} = -a_1 q_1 + b_1(q_2, q_3) + F_1(t) \\[2mm] \dfrac{dq_2}{dt} = -a_2 q_2 + b_2(q_1, q_3) + F_2(t) \\[2mm] \dfrac{dq_3}{dt} = -a_3 q_3 + b_3(q_1, q_2) + F_3(t) \end{cases} \qquad (6.2)$$

SMN 模块化质量协同受到节点核心能力优势及序参量影响，在各价值模块节点的模块化服务核心能力、模块化服务质量水平以及模块化质量创新水平的驱动作用下，质量序参量主宰了 SMN 模块化质量协同演化进程和方向。这些序参量使得各价值模块节点质量行为之间相互制约、产生耦合协同效应。实际情况下，不同模块包含的设计、信息、技术和服务不同，因此价值模块节点的最核心优势能力也不同。本书将不同模块节点所具有的最核心优势统称为模块化服务核心能力，并对其演化模型做简化处理得：

$$\begin{cases} \dfrac{dx}{dt} = (\alpha - \varepsilon_x)x - \lambda x^2 - \beta_1 xy - \beta_2 xz + F_x(t) \\[2mm] \dfrac{dy}{dt} = -\varepsilon_y y + \beta_3 x^2 \\[2mm] \dfrac{dz}{dt} = -\varepsilon_z z + \beta_4 x^2 \\[2mm] \dfrac{dq}{dt} = \alpha_1 x + \alpha_2 y + \alpha_3 z + \alpha_4 q + \alpha_5 xy + \alpha_6 xz \end{cases} \qquad (6.3)$$

6.4.2.3　运动轨迹模型

当 SMN 质量系统的原动态平衡被影响因素破坏时，小的涨落力就会使节点质量行为产生较大的活动。此时，原协同状态将发生改变，在随机涨落力的作用下，SMN 内部模块间通过竞争与协作，最终达到更高一级的协同状态。在达到较高级别的状态后，各模块将呈现一个相对稳定的状态，该状态更有利于系统的生存和发展。根据理论力学基础知识和牛顿第二定律，建立 SMN 节点模块化质量协同的运动轨迹模型如下：

X 点在各个模块随机涨落力的综合作用力下的瞬时速度为：

$$v = \lim_{\Delta t \to 0} \frac{\Delta r}{\Delta t} = \frac{dr}{dt} \tag{6.4}$$

根据牛顿第二定律，可知模拟状态点 X 在 x，y，z 方向上的位移与时间的关系式为：

$$\begin{cases} x = \int v_x dt \\ y = \int v_y dt \\ z = \int v_z dt \end{cases} \tag{6.5}$$

因此模拟状态点在某一时刻 t 的坐标为 r（x_t，y_t，z_t），该质量状态点的运动轨迹为三个方向的位移矢量和。

6.4.2.4　协同状态分析

在 SMN 质量系统协同演化过程中，当各模块内部不发生剧烈运动且序参量也不改变时，系统即处于稳定状态。

此时 $x=0$，$y=0$，$z=0$，$q=0$，因此在模型分析过程中，需找到满足此条件的平衡点（0000）。

根据模型（6.3）求解其特征矩阵为：

$$
\begin{vmatrix}
\alpha_4 & \alpha_1+\alpha_5 y+\alpha_6 z & \alpha_2+\alpha_5 x & \alpha_3+\alpha_6 x \\
0 & \alpha-\varepsilon_x-2\lambda x-\beta_1 y-\beta_2 z & -\beta_1 x & -\beta_2 x \\
0 & 2\beta_3 x & -\varepsilon_y & 0 \\
0 & 2\beta_4 x & 0 & -\varepsilon_x
\end{vmatrix}
\quad (6.6)
$$

平衡点处（0　0　0　0）的特征方程为：

$$
\begin{vmatrix}
\lambda-\alpha_4 & -\alpha_1 & -\alpha_2 & -\alpha_3 \\
0 & \lambda-(\alpha-\varepsilon_x) & 0 & 0 \\
0 & 0 & \lambda+\varepsilon_y & 0 \\
0 & 0 & 0 & \lambda+\varepsilon_z
\end{vmatrix}=0
\quad (6.7)
$$

所以特征根为：

$\lambda_1=\alpha_4$，$\lambda_2=\alpha-\varepsilon_x$，$\lambda_3=-\varepsilon_y$，$\lambda_4=-\varepsilon_z$。

由 ε_x，ε_y，ε_z 为阻尼系数，知 $\lambda_3<0$，$\lambda_4<0$。

根据李雅普诺夫判稳准则，当特征根实部均为负时，系统的平衡态是稳定的，可得以下结论：

（1）当 $\alpha_4<0$，$\alpha<\varepsilon_x$ 时，SMN 模块化质量系统处于稳定的平衡态。此时该 SMN 质量系统的自反馈系数为负，即当自反馈对协同状态的改变起阻碍作用，并且 SMN 模块化质量系统内部的自身质量效益系数小于阻碍系数时，节点模块化质量处于较为稳定的协同态，外部较小的随机涨落力不足以影响网络组织的整体协同状态。

（2）当 $\alpha_4 = 0$，$\alpha = \varepsilon_x$ 时，SMN 模块化质量系统处于改变平衡的临界点。此时，随着各个模块的分工协作以及资源的合理利用，系统整体质量水平、竞争能力和综合效益也随之提高。

（3）当 $\alpha_4 > 0$ 或 $\alpha > \varepsilon_x$ 条件时，SMN 模块化质量系统处于运动的非平衡态。SMN 模块化质量系统的原平衡态被破坏，小的涨落力将会使系统产生较大的活动。当自反馈系数大于零或 $\alpha > \varepsilon_x$ 时，模块化质量对外界涨落力的反应较为敏感，系统的原平衡态不能继续维持，系统内部的原结构发生改变，此时呈现出自组织演化现象，直至 SMN 系统内部出现更加稳定的新协同状态。

6.4.3　仿真分析

6.4.3.1　协同演化模型仿真分析

根据上述分析并结合实际情况，对以上基础数据进行参数赋值（见表 6－2），并判断相关参数变化对仿真结果的影响。

表 6－2　　　　　　　基础数据的参数赋值

参数符号	参数值	参数符号	参数值
α	>0	β_1	1.3
α_1	0.8	β_2	1.2

参数符号	参数值	参数符号	参数值
α_2	0.7	β_3	1
α_3	0.6	β_4	1
α_4	$-1 \sim 1$	ε_x	$0 \sim 1$
α_5	1.5	ε_y	0.5
α_6	1.2	ε_z	0.4
λ	0.7		

根据第 6.4.2 节对各序参量能力及其相互影响关系的描述，应用综合模糊评价方法确定参数赋值范围。用 Matlab10.0 仿真求解在不同条件下的解曲线图，图中的质量行为无序度是指 x，y，z，q 在不同 t 时刻偏离协同平衡态的程度，得到如下结果：

（1）当 $\alpha_4 < 0$，$\alpha < \varepsilon_x$ 时，在忽略涨落力的情况下，研究 $\alpha - \varepsilon_x$，α_4 大小变化对协同状态的影响（如图 6 - 6 至图 6 - 8 所示）。

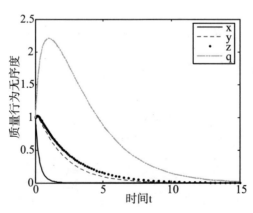

图 6 - 6 $\alpha - \varepsilon_x = -0.5$ $\alpha_4 = -0.5$

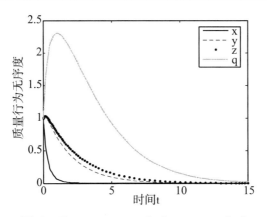

图 6 - 7　$\alpha - \varepsilon_x = -0.1$　$\alpha_4 = -0.5$

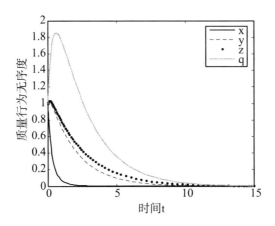

图 6 - 8　$\alpha - \varepsilon_x = -0.1$　$\alpha_4 = -0.9$

　　图 6 - 6 至图 6 - 8 中的所有解曲线都趋近于零,并且参数的改变不会影响图形轨迹的最终走势。对比图 6 - 6 和图 6 - 7,$\alpha - \varepsilon_x$ 绝对值越大,即当模块化服务核心能力质量效益能力越强时,模块化服务核心能力的解曲线因素趋于零的速度越快,但对 SMN 系统恢复平衡的速度基本没有影响,

这说明了模块化服务核心能力的改变在平衡态时对系统的影响不明显。对比图 6-7 和图 6-8，发现当 SMN 组织内部自反馈能力越强时，网络组织恢复平衡态所需要的时间就越短。

（2）当 $\alpha_4 < 0$，$\alpha < \varepsilon_x$ 时，在考虑涨落力的情况下，研究服务型制造网络在受到外界较小涨落力的作用下的质量行为协同状态变化（如图 6-9 和图 6-10 所示）。

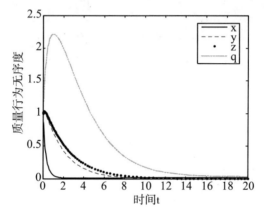

图 6-9　$\alpha - \varepsilon_x = -0.5$　$\alpha_4 = -0.5$　$F(t) = 0.01$

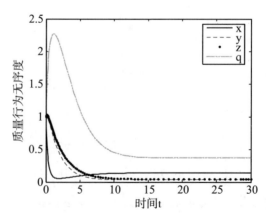

图 6-10　$\alpha - \varepsilon_x = -0.5$　$\alpha_4 = -0.5$　$F(t) = 0.1$

从图 6 - 9 分析可得：在满足平衡状态条件下，当模块化节点受到外界较小的随机涨落力时，模块化服务核心能力发生了轻微的无序变动，这是因为模块化服务核心能力受到外界影响时，反应较为敏感。但从图 6 - 9 和图 6 - 10可以发现，模块化质量的最终协同状态并没有发生变化。这是因为此时的随机涨落力只是一种破坏自身稳定性的干扰，但对于整个网络组织而言，系统本身是稳定的，随着时间的推移，质量行为的协同状态仍会回到原稳定态。以上仿真结果验证了当 SMN 模块化质量系统满足平衡条件时，小的涨落力不会改变系统协同状态这一结论的正确性。

（3）当不满足 $\alpha_4 < 0$，$\alpha < \varepsilon_x$ 条件时，即原协同状态平衡条件被破坏时，研究 SMN 质量系统在受到外界涨落力的作用下，系统的协同状态的变化趋势（如图 6 - 11 和图 6 - 12所示）。

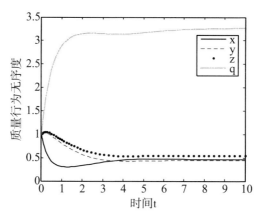

图 6 - 11 $\alpha - \varepsilon_x = 0.5$ $\alpha_4 = - 0.5$ $F(t) = 0.5$

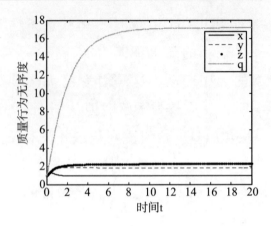

图 6 – 12 $\alpha - \varepsilon_x = 0.5$ $\alpha_4 = -0.5$ $F(t) = 5$

当不满足平衡状态时，此时组织内部产生了新的较为剧烈的活动，并使节点模块化质量行为最终走向更为高级有序的协同状态。此时，模块化服务核心能力、服务质量水平和质量创新水平三个序参量不再有序运动。图 6 – 11 说明当系统不满足平衡条件时，即使存在较小的随机涨落力，也会引起系统的协同状态发生改变。图 6 – 12 说明随机涨落力越大，各模块质量向更高级协同态运动的速度就越快。

6.4.3.2 运动轨迹仿真分析

当不满足 $\alpha_4 < 0$，$\alpha < \varepsilon_x$ 条件时，SMN 节点质量行为协同状态将发生改变。此时在模块化服务核心能力 x、模块化服务质量水平 y 和质量创新水平 z 三个主影响因素的作用下，也即质量序参量对 SMN 节点质量的影响力 F_x，F_y，F_z 的作用下，SMN 质量系统向更高级的协同状态运动。令

$\alpha - \varepsilon_x = 0.5$，根据公式（6.3）和公式（6.4）可知

$$\begin{cases} v_x = 0.5x - 0.7x^2 - 1.3xy - 1.2xz + C \\ v_y = -0.5y + x^2 \\ v_z = -0.4z + x^2 \end{cases} \quad (6.8)$$

其中，C 代表涨落力对速度影响的常数，在对 v_x 关于 t 的积分时，因不影响协同运动方向，可以忽略。由公式（6.5），运用 matlab10.0 进行积分运算及简化处理，可得 x，y，z 与 t 的关系式表达式如下：

$$\begin{cases} x = 0.7 - 1.4/t + \{(112t + 250) \times [15540t + 4(358006t^6 \\ \quad + 3190206t^5 + 9460752t^4 + 5199513t^3 - 26565963t^2 \\ \quad - 52393250t - 29124375)^{1/2} - 15685t^2 - 6090t^3 + 45100]\}/ \\ \quad [(35t + 70) \times (25088t^3 + 112000t^2 + 125000t)] \\ y = [-(4t + 10) \times 15540t + 4(358006t^6 + 3190206t^5 \\ \quad + 9460752t^4 + 5199513t^3 - 26565963t^2 - 52393250t \\ \quad - 29124375)^{1/2}]/[(5t + 10) \times (25088t^3 + 112000t^2 + 125000t)] \\ z = -[15540t + 4(358006t^6 + 3190206t^5 + 9460752t^4 \\ \quad + 5199513t^3 - 26565963t^2 - 52393250t - 29124375)^{1/2}]/ \\ \quad (25088t^3 + 112000t^2 + 125000t) \end{cases}$$

$$(6.9)$$

可得，在非平衡态的 SMN 模块化质量协同运动轨迹，如图 6 - 13 所示。

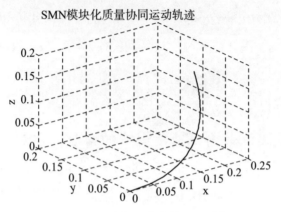

图 6 – 13　系统非平衡态协同运动轨迹

　　从图 6 – 13 可以看出，在非平衡条件下，SMN 模块化质量协同状态发生改变，其协同运动轨迹受到服务核心能力、服务质量水平和质量创新水平三个序参量的影响。在运动过程中，服务核心能力对节点质量行为的最初影响力较强，其后逐渐变弱，服务质量水平的影响力开始逐渐增强，在 SMN 模块化质量快要达到下一个协同状态时，质量创新水平逐渐成为最主要的影响因素。

6.5　本 章 小 结

　　协同创新是提升航空产业自主创新能力、提高核心竞争力的必由之路。本章首先分析了航空装备产业协同创新的内涵及特征，认为航空产业协同创新的实质是以创新主体的跨组织协同以及创新要素的跨时空聚合为前提和基础，以协同创新机制、协同创新服务平台为支撑和保障，以航空产业全产业链、全过程、全要素协同为核心，以合作共赢为最终目标，具有开放性、系统性、复杂性及动态性特征。

从航空装备产业协同创新的组织体系看，表现为产业融合背景下的航空装备服务型制造网络，以及创新主体融合前提下航空装备产业协同创新联盟。本章主要从服务型制造网络的组织体系角度，分析了航空装备产业协同创新的服务型制造价值链结构、价值创造及价值创新形式。

本章重点研究了航空装备产业协同创新的模块化质量协同问题。基于服务型制造网络模块化，研究服务核心能力、服务质量水平及质量创新水平对模块化质量系统的影响。依据郎之万方程，建立模块化质量系统协同演化模型，得出了其满足平衡态的临界条件；应用力学原理，构建运动轨迹模型，拟合出了其非平衡态的模拟状态点。对两个模型赋值仿真，仿真结果表明：当模块化质量系统处于平衡态时，模块化服务核心能力对外部环境反应较为敏感；当模块化质量系统处于非平衡态时，在协同运动初期，模块化服务核心能力对质量状态的协同运动方向起决定作用，中期模块化服务质量水平的影响力逐渐增强，最后阶段质量创新水平决定了模块化质量的最终协同状态。

第7章 航空装备产业协同
创新发展模式

本章主要研究航空装备产业协同创新发展的系统模式。首先，从协同创新发展的影响因素及发展思路两方面分析航空装备产业协同创新发展的动力机制；其次，从服务型制造视角构建"三全一协同"全面协同创新发展模式，并进行现实案例分析；最后，从产业管理模块化视角提出模块化协同创新发展模式，并以2007~2013年我国航空产业创新发展的相关数据为基础，从实证角度分析我国航空产业模块化协同创新发展的协同度水平。

7.1 航空装备产业协同创新发展的动力

7.1.1 航空装备产业协同创新发展的驱动因素

7.1.1.1 国家产业政策的引导

面对国家、区域、行业等的重大创新需求，开展协同创新有利于发挥各创新要素的综合效应，提升和创新资源优化配置的管理机制。国务院曾在"十二五"规划中正式颁布了《国家战略性新兴产业发展规划》，将航空制造产业的重点发展方向和主要任务：统筹航空技术研发、产品研制与产业化、市场开拓及服务提供；至 2015 年，形成国产飞机整机集成和关键部件研制生产能力，航空产业融入世界航空产业链；2020 年，航空产品、航空服务形成竞争优势，航空产业国际化发展水平显著提高。党的十八大报告中提出了"实施协同创新发展战略""更加注重协同创新""推动战略性新兴产业、先进制造业健康发展，加快传统产业转型升级"等一系列新的重要论断，这对航空装备产业的全面协同创新发展起到了重要的引导作用。

7.1.1.2 市场环境需求的推动

从国内外市场环境的需求看，航空装备产业对国际市场的依赖程度大，顾客对航空产品的需求规格高，产品型号及生产数量与国际环境的变化息息相关，且逐年增加。根据德勤公司《年度行业预测报告》预测[124]：中国、印度、中东以及亚太部分地区航空出行需求将迎来快速增长时期，未来 20 年，客户航空出行需求有望增加 5%，未来 10 年内民用客机年产量将大幅增加 25%，我国民用航空制造业 2012 年出口交货值占总销售产值的近 20%，转包产生交付达到了 13.45 亿美元，出口与转包生产使得航空产业可以承接全球价值链上游企业剥离的附加值相对较高的业务。在国际转包生产过程中，我国航空装备企业通过多种渠道交流促进了技术水平的提升，增强了对市场需求的应变能力，从而为航空产业协同创新发展打下了坚实基础。

7.1.1.3　产业融合发展的转型

随着全球经济结构的演变，全球产业结构正从"工业型经济"向"服务型经济"转型，服务型制造成为一种新的模式，主要表现为制造业服务化发展，即制造业向服务增值延伸，包括制造业投入的服务（如设计、会计、法律、金融、物流等）及制造业产出的服务（产品+附加服务），企业不再是单一的产品提供者，而是集成服务提供商。航空制造产业作为国家战略性新兴产业之一，实施服务型制造，实现全面协同创新发展是当前要解决的重要问题。服务型制造的典型特征是实施模块化运作，模块化促进了航空产业融合的产生并推动了产业融合的发展，而产业融合使纵向一体化的市场结构逐渐向横向一体化的市场结构转变。航空产业采用模块化的组织结构，并利用信息经济时代的知识资源的扩散，推动产业协同创新转型发展。

7.1.1.4　企业创新能力的提升

技术创新是产业系统演进的基础，对航空装备等高技术企业，技术创新的作用更加明显，技术的突破为企业赢得高附加值，提升品牌效应起重要作用。产业系统演进是技术创新的必然结果，产业升级实质上是技术创新升级。在我国航空产业发展过程中，承接了大量国际转包生产或与国际寡头航空企业进行合作，但最终实践证明，我国航空产业在产业升级过程中受到重大制约，仅仅依靠发展转

包生产或与国际寡头进行合作不可能完成产业升级。自20
世纪80年代开始，我国与国外空客、波音等航空企业进行
过一系列合作，但对于我国民用航空制造业的技术创新，
大部分预期成果无法达成，关键性技术始终没有突破。在
这样的背景下，国家推出了自行研制与生产大飞机项目，
即要从产业整体的角度，推动我国航空产业的发展，这不
仅需要进行技术上的创新突破，还需要产业结构上的协同
调整，要转换企业经营模式，要从全球价值链下游向中上
游攀升。因此，自主技术创新能力的提升是我国航空装备
业协同创新发展的关键因素之一。

7.1.2　航空装备产业协同创新发展思路

从产业的模块分类看，航空装备产业的协同主体既包
含企业本身，即航空装备产业的集成商，提供金融性、保
险性支持的服务性生产集成商，以及承担物流、研发等业
务外包的生产性服务集成主体。这三类主体通过虚拟界面
实现节点企业间的相互配合，达到协同创新的目的。从系
统输入因素角度看，航空产品结构的复杂性决定了生产要
素的多样性以及组织管理的复杂度。因此，为挖掘更广阔
的价值增值空间，航空装备产业需要寻求一种在价值创造、
资源要素利用、生产方式以及组织管理等为一体的全面协
同创新模式。基于服务型制造视角，本章提出航空装备产
业的全面协同创新是指以三大模块为协同主体，以创新要

素的跨时空配合为基础，以跨部门和区域的全过程组织管理模式为保障，以全产业链的价值创造为核心的全面协同创新（如图7-1所示）。

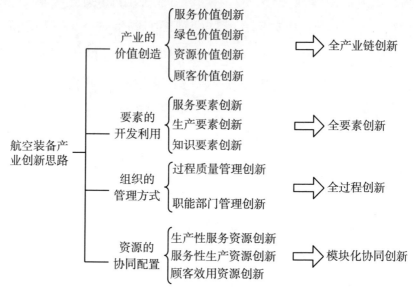

图7-1　航空装备产业全面协同创新发展思路

7.2　航空装备产业全面协同创新发展模式

7.2.1　全面协同创新发展模式

美国彼得·葛洛最早给出协同创新的定义：由自我激励的人员组成的网络小组形成的愿景，借助网络交流思路，信息及工作状况，合作实现的共同目标。郑刚（2008）首次提出了全面协同的概念，认为全面协同就是各创新要素（如战略、组织、文化、制度、技术、市场等）在全员参与和全时空域的框架下进行全方位的协同匹配，以实现各自单独所无法实现的"2＋2＞5"的协同效应，从而促进创新绩效提高的发展模式，该概念强调了全员参与和全时空性的全面协同。全面协同创新主要表现为企业层次上的变化，通过扩散和传播在整个产业内应用，是基于全产业链关键技术创新发展模式、全要素创新发展模式、全过程创新发展模式和全面协同模块化创新。为此，冯良清等（2015）[125]提出了"三全一协同"的全面创新发展模式：即"全产业链创新—全要素创新—全过程创新—模块化协同创新"为一体的航空装备产业全面协同创新发展模式。

7.2.1.1　全产业链创新发展模式

传统观念认为全产业链实质就是企业纵向一体化，将原材料的供应、生产及销售统一纳入企业组织内部的经济行为。但全产业链管理未必要将所有环节全部纳入管理范畴，而是在占据核心优势的情况下，通过服务的延伸与集成，整合上下游各个环节，实现隐性价值创造。全产业链创新是指从产业链源头开始，以系统核心技术或工艺创新为基础，集原材料开发、产品研制、装备生产和销售服务等各个模块节点企业协同创新，使整个产业链的上、中、下游逐步升级，最终提高企业收益的发展模式。根据航空装备产业的自身特点及产品高附加值的特性，对于航空装备产业，其全产业链创新发展模式是指从全产业链层面出发，结合航空装备产业自身发展情况，通过研究航空装备产业链特征、结构以及全产业链中的服务型制造网络创新体系，重点研究航空装备产业的服务型制造网络及技术创新联盟的构建与运行机制，而形成的以产业链为基础的协同创新发展模式。

发展全产业链创新模式，必须牢牢抓住服务核心集成商位置，在管理体制上要采用分级式管理，充分发挥各模块供应商的主观能动性，并与其他节点企业紧密相连，通过产品创新实现价值创新。创建全产业链创新发展模式有助于航空装备产业实现产业链升级，提高各个部门协作能力，增强产品的价值创造能力。

7.2.1.2 全要素创新发展模式

郑刚（2004）将创新要素总结为战略、技术、市场、文化、制度和组织六大要素。全要素创新即在协同创新的不同阶段，以技术为核心，建立健全人才激励制度，构建创新文化体系，从市场、战略、文化、制度以及组织等要素实现资源价值、顾客价值、绿色价值以及服务价值的再创造。

航空装备产业全要素创新发展模式可概括为：通过结合服务型制造的价值创造，以航空装备产业的战略、技术、市场、文化、制度、组织等多种要素对航空"产品＋服务"创新绩效的影响为重点研究对象，以提高航空产品服务运营、航空产品服务系统、航空产品服务价值为宗旨的航空装备产业发展模式。航空装备产业遵循全要素创新发展模式，必须配合全产业链创新发展模式，以顾客需求为出发点。此外，航空企业高层管理者应当建立规范的市场评定机制，找准市场定位，加快飞机民用化和商业化创新，建立长期战略规划，加强创新机制管理组织建立，从飞行性能、燃料利用率、顾客舒适度和品牌影响力等多方面提高产品资源价值创造、绿色价值创造、顾客价值创造和服务价值创造。

7.2.1.3 全过程创新发展模式

对航空装备产业实行全过程创新发展模式就是以价值创新为核心，从原材料的采购、部件装配及售后服务等直接价值增值环节及金融支持、物流运输、法律顾问等贯穿价值链全过程的间接价值增值环节出发，实现产品创新、技术创新、管理创新及服务创新等全过程创新发展。航空装备产业在实现全过程创新发展过程中，要时刻关注全球航空市场动向，围绕要素创新，从价值链的上、中、游各个环节将创新要素有机结合，以部门间的及时沟通交流为基础，以不同要素、部门、人员间的竞争为动力，通过组建协作配合、共享信息以及知识资源跨职能团队，增强企业部门间的协作能力，实现新产品、新能源的开发和价值的增值。

7.2.1.4 模块化协同创新发展模式

模块化网络组织中的协同创新是产品创新、技术创新、组织创新和管理创新在价值形态上的整合与体现（余东华和芮明杰，2008）。航空装备产业模块化协同创新发展模式主要指通过研究航空装备产业的服务型制造网络中生产性服务模块、服务性生产模块及顾客效用模块的协同创新能力、协同要素及耦合机制，通过航空装备产业组织模式选择，充分发挥信息资源的共享性、及时性，使得各个模块之间在自身的反馈机制及外部竞争下，达到较为高级的协同状态，实现利益最大化的发展模式。

航空企业实施模块化协同创新发展模式，可增加价值链价值增值环节，增强价值创新能力。例如通过模块化服务延伸，使生产性服务提供商主要包括金融公司、公用服务集团、航空服务部、贸易公司等为制造业提供生产性服务支持的提供商，使制造业务模块向生产性服务价值模块渗透，使得模块提供商与模块集成商相互协作，创造价值增值新源头。通过模块化外包服务，如国际转包生产能力提升，航空新材料、元器件产业化，有利于增强产品的核心竞争力，另一方面有助于提高人力资本积累，发挥规模经济作用。通过模块化服务集成，如推进 ARJ21、新舟支线飞机系列化发展，使具有集成能力优势的服务模块集成商针对自身企业、合作企业以及客户的具体要求，提升航空大部件和机载系统的国际化发展水平。

7.2.2 案例分析

波音公司成立于1916年，是世界上最大的民用和军用飞机制造商，它秉承创新的优良传统，是航空航天领域实施服务型制造模式的典型代表。波音公司实施"产品 + 服务"的集成模式（如图 7 - 2 所示），始终以飞机运营商和乘客为中心，不断满足顾客的需求。

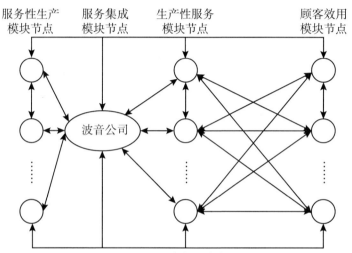

图 7 - 2　波音公司的服务型制造网络结构

资料来源：冯良清. 服务型制造网络节点质量行为研究［M］. 北京：经济科学出版社，2012. 12：178

7.2.2.1　波音公司的服务型制造

波音公司整合了世界上最先进的航空制造资源，把大量的零部件制造业务外包给全球各个地方的优势供应商，自己主要负责尾翼生产和整机的组装，在全球范围内实现模块化外包，各种模块的提供商分布多达 66 个国家。其模块提供商主要分为两类：一是直接模块提供商，二是间接模块提供商。直接模块提供商主要负责飞机子系统的研发与生产制造，一般为具有一定竞争能力优势或核心能力优势的航空制造企业，主要集中在美国、法国、加拿大、西班牙、德国、中国、意大利、中东地区、印度、韩国与日本等国家和地区；间接模块提供商主要负责零部件研发与生产制造。此外，波音非常注重与供应商的及时联系，通过建立成员和企业之间开放式的网络信息交流平台，特别是供应链系统内部信息网络的建设，使得模块供应商与模块集成商之间实现信息的快速响应。为更好地提供航空服务，波音公司还实施了模块化服务延伸策略，包括金融服务和公用服务等生产性服务的延伸，主要的生产性服务模块提供商包括波音公司、公用集团、波音民用航空服务部门以及飞机贸易公司等。波音公司是模块化服务的集成商，其金融服务部门通过为民用飞机客户提供融资等金融支持方案和运营租赁、支持性承诺等金融服务产品来创造服务价值。

模块化外包的服务型制造生产模式给波音公司及带来了巨大的收益，同时也带来了由于供应商而导致的质量问题。例如，波音787的生产设计及大量零部件外包，由于复杂的产权关系，导致某些产品无法正常组装，出现飞机事故。因此，在选择供应商时，需进行合理的外包成熟度分析，与供应商建立良好的契约关系，优化外包决策过程，建立协同联盟的服务型制造网络关系。

7.2.2.2　波音公司的价值创造

波音公司在服务型制造模式下，充分考虑战略因素和市场因素，以顾客的满意程度为宗旨，不断进行新产品和新材料的研制，实现资源价值、顾客价值及绿色价值的价值增值。在资源价值方面，波音公司从 2002 年以后对组织结构进行整改，通过组建多功能、跨职能的部门小组，使得各个责任中心既相互独立又密切联系，并通过模块化业务外包以及供应商之间的契约关系，降低管理成本，实现资源价值创造。波音公司与空客共同设立华欧航空培训及支援中心，为销售人员提供新的培训设备和设施，扩建零备件及技术支援中心，提高培训和支援能力。同时波音公司根据市场风俗及特色提供相应服务，例如在中国市场为了迎合中国人的喜好，将波音"7E7"改为波音"787"，并不断扩大在中国的培训机构，提供全面的研发、部署、航空培训与飞机服务，实现顾客价值创造。波音公司不断研制航空新材料，坚持科技创新，通过使用复合材料及技术改进，使得波音"787"油量比同型客机节约 20% 左右，实现绿色价值创造。

7.2.2.3　波音公司的全面协同创新

实现价值的创造及增值，最核心的因素就是技术创新，波音公司以技术为核心，在全面考虑战略、市场、技术、文化、制度和组织六大要素的基础上，以产品的安全性、环保性以及顾客舒适度为重点，不断增加技术研发投入以及组织管理的创新，实现"全产业链—全要素—全过程—

模块化协同"为一体的全面协同创新发展模式，增强企业核心竞争力。

在市场定位上，波音公司通过大量市场调研，认为大飞机生产周期长，盈利能力差，并且随着人类生活水平的不断提高，直航（更快更便捷的小飞机）才是解决未来空运的方法。因此，在找准市场定位的基础上，波音公司不断进行技术改革和创新，增强产品的核心竞争力。自 2000 年以后，波音公司的专利申请成波浪式上升，反映了波音对于技术创新的重视。在文化、制度方面，波音公司的企业文化强调创新与变革，公司还曾提出，公司给予员工的知识和技能让他们不但要去应对变革，还要引领变革，推陈出新。自 1997 年波音兼并麦道，"鬼怪工厂"就在新波音的防务部门中发挥着独特的作用，成为波音新思想、新技术、新工艺的源泉，并作为一个通用技术孵化器改进整个集团的制造流程，增强了研制与产品开发实力。在组织管理方面，波音公司随着战略和环境的变化，其组织管理方式也与时俱进。根据模块化的分工和规模的日益扩大，以产品创新和服务为宗旨，波音公司不断设立不同的模块集成管理部门，使组织部门灵活化，信息交流顺畅化。

技术创新和服务创新是波音公司的两大主要竞争因素。技术创新是一个动态过程，它始于研究开发，终于市场价值实现。在新材料的使用上，波音公司在研制波音"787"客机的过程中，大胆地采用了两大高技术措施：全球数字化协同制造和机体主要结构大规模采用复合材料，机身和机翼外壳几乎都由碳纤维增强复合材料制成。由于复合材料具有比强度和比模量高，抗疲劳性能、耐腐蚀性能和整体成形性好等许多特性，将其用于飞机结构上，比常规的金属结构减重25%～30%，使飞机隐身、气动弹性等综合性能得到改善和提高。服务创新不仅仅包含对顾客的服务，还包含生产中生产性服务模块为价值链提供的金融、保险、物流等生产服务性支持创新。在激烈的国际民用飞机市场竞争中，制造商比拼的不只是飞机性能，还有服务质量。波音、空客、巴航工业、庞巴迪等公司在对顾客服务方面不惜投入巨资，通过建立和健全服务体系，向顾客提供最满意的服务，以求在激烈的竞争中赢得主动。在服务上，波音公司将服务嵌入服务型制造价值链的各个环节，如物流服务、制造维修服务以及金融支持等为各个部门提供服务，并将顾客全方位参与到研发、生产、服务等环节，通过设立售前培训部门及售后维修服务部门为顾客提供高质量服务。例如，波音成立飞机金融服务部、空间和防御金融服务部，为全球波音机构提供服务。在拓展中国顾客服务方面，2011年波音在中国成立波音中国服务公司，主要负责监控波音机队的运行情况，查找机队存在问题，并与波音总部的工程部门共同解决问题，提升顾客服务水平，实现服务的快速响应。

波音从产业链上游的研发及工程设计的技术投入，到中游的模块化外包，再到下游的培训部门及全球民航服务公司的成立，全过程以技术为核心，以服务顾客为宗旨，以要素创新为导向，通过产品的技术和服务水平提升以及模块化的合理分工及协同运作，实现"三全一协同"的全面协同创新发展模式。

7.3 航空装备产业模块化协同创新发展模式

7.3.1 模块化协同创新发展模式

航空产业系统是一个复杂的产品系统，技术含量高，集成度高，产业带动性大，这就要求航空企业之间相互合作、交流，相互协同的作用满足顾客的多样化需求。从结构上看，航空产业的模块化协同创新就是从不同视角来对一个复杂产品系统进行结构划分，将相关联部分归纳到一个模块，模块内的企业和模块间的企业作为多元化主体之间相互作用，推动创新系统发展。当前学者对产业模块化的划分依据主要有：产业组合系统的模块化，产业系统生产要素的模块化，产业价值链结构的模块化，模块主体结构分为模块集成商、模块供应商。结合航空产业的特点，目前对航空产业模块创新的研究大多数是从航空产业链结构来进行模块化创新研究，本书提出的服务型制造视角下的全面协同创新模式，也是基于价值链结构特性进行分析。事实上，模块化的协同创新行为，已经由产品的模块化，到组织的模块化，再向管理的模块化演进。因此，本节综合模块化的多层含义，从航空装备产业的管理组织视角划分模块化子系统，分为技术模块创新子系统，产品模块创新子系统，服务模块创新子系统，组织模块创新子系统四部分，其中技术模块和产品模块是创新协同行为主体部分，服务模块和组织模块为航空产业系统其他模块创新提供辅助和间接作用。从管理视角的模块化协同创新模式如图 7 - 3 所示。

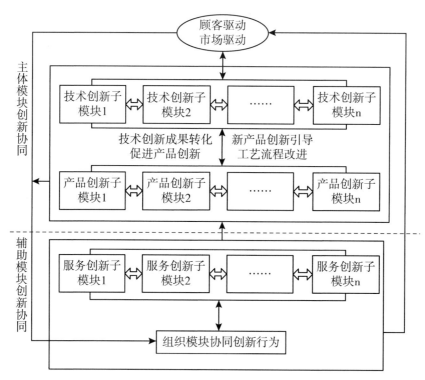

图 7 - 3 航空产业模块化协同创新模式

7.3.1.1 航空产业主体模块的协同创新过程

航空产业的模块化协同创新主要内容是技术创新和产品创新，产品创新和技术创新的结果直接体现了航空产业的发展水平和创新绩效，故将产品创新和技术创新作为航空产业协同创新的主体来就它们之间关系进行分析说明，研究技术模块和产品模块间如何实现协同创新。

航空产业的技术模块是指产业系统中与技术开发和创新有关的行为主体所采取促进相关的技术研发及创新行为构成的模块子系统。技术模块的主体一般有各类航空企业、科研院所、政府部门、高等院校等产学研平台机构。这些部门也是模块化协同创新系统的子模块。市场驱动和客户驱动各类企业的从事技术创新活动，客户就自身的各种需要来推动航空企业进行技术创新，企业采取各种方法来改进产品的技术水平和工艺流程，满足市场的需求。在实践过程中航空企业的技术创新行为是独立的，为了获得整体协同创新的效应，将在航空企业的创新活动之间建立联系，鉴于航空产业的特点和航空产品的复杂性，一般航空产品的技术创新是由整机生产商把握市场行情和客户需求来提出创新的要求，而航空企业单独进行技术研发的成本较大，研发周期较长，承担失败风险压力大，故一般整机企业会保留自身的核心竞争业务，将非核心业务的创新外包给其他更具优势的企业，他们之间建立创新联盟关系，实现协同创新从而获得资源整合优势。

产品模块创新主要是指从事产品性能完善和新产品生

产的研发和流程改进的创新行为，航空产品模块的内容包括飞机通用零部件生产、飞机机载电子设备等关键零部件产品、航空发动机等动力装置产品、安全、通信设备等相关制造业产品生产创新。产品模块的创新在结构上可以分为纵向产品协同创新和横向产品协同创新，纵向产品协同创新是子模块与上下游模块之间联合创新行为，由集成商设计的界面接口为标准，各模块凭借自身的竞争优势和其他企业联合，实现创新资源共享，产品性能改进，创新产品种类，提供多样化产品，丰富产品市场，推动产业链升级。横向产品协同创新是同类型企业之间的合作与竞争推动创新发展进步，子模块同类企业围绕集成商的产品要求，子模块间进行创新竞赛，达到协同创新的绩效，此外还有可能是企业以自身竞争优势资源与其他企业实现资源联合、共享知识信息、交流生产经验，合作完成产品开发。

7.3.1.2 航空产业辅助模块的协同创新过程

依据在航空产业创新发展中的重要性分析，将对航空产业提供相关服务的内容和组织结构管理的内容分为服务模块和组织模块，作为航空产业创新发展的辅助模块，其间接作用于航空产业创新进步。在此探讨服务模块和组织模块之间和系统内部的协同创新的运行。

服务模块是指为航空产业提供辅助工作的企业组合，服务模块创新行为会提升航空产业中产品模块和技术模块企业的服务水平，使得其模块功能更好发挥。航空产业的服务模块主要内容包括航空运输服务公司、飞机销售及租赁公司、提供金融、信息系统服务公司以及提供航空产业解决方案的咨询公司等辅助系统，其创新主要体现在服务形式、服务内容、服务质量的提升、解决问题方案的优化等方面。服务模块创新有受到技术和产品模块创新的支持的被动创新，也有航空产业为迎合市场潮流，主动积极开发新服务产品创新。服务模块的创新协同是模块内部各企业之间的为了抢占市场，积极提出服务创新策略，形成服务创新氛围，从而促成行业内的协同创新。

组织模块是指为航空产业链优化起到间接作用的模块。航空产业的组织模块主要包括航空产业链中各类行为主体的管理组织模式的创新内容。组织模块的创新体现在航空制造业的生产企业的组织结构的调整，对航空产业生产效率的提高，还体现在航空产业系统中各模块企业之间联系方式的形式上。随着模块化生产方式的出现，促进产业组织结构扁平化、网络化。组织模块创新间接影响产业链的结构改变，有利于加强航空企业紧密联系，形成学习型网络化新型组织模式。

7.3.1.3 航空产业模块化协同创新的运行过程

在模块化演进过程中，随着技术模块、产品模块、服务模块的出现，必然导致模块化组织的形成，为了迎合航空产业模块化生产创新的需求和顾客多样化产品需求，应对企业层级或者职能型组织结构调整，转化为松散耦合结构，企业采取网络化学习型组织模式。随着模块化的不断深入，产业内的组织结构、组织流程及组织边界需要重新优化，以适应其他模块的创新行为。产品模块与技术模块间的联系是十分紧密的，技术模块的创新路径有：企业自主创新、企业的产学研合作、企业间的技术创新联盟、技术专利引进等创新方法。技术创新的成果转化能够实现产品创新，创造新产品。产品创新不仅包括技术创新还有企业生产流程和生产工艺创新，带来产品功能的创新。产品的协同创新能反作用于技术创新，引导企业的技术变革。产品模块和技术模块对航空产业系统的协同创新起到主要作用。服务模块和组织模块为航空产业提供辅助服务和内在组织结构的管理方式创新。而组织结构的创新包含服务组织，技术创新组织、产品生产组织的协同创新。它们受到组织模块创新的影响，它们的创新发展情况也直接反馈到组织模块的创新。此外组织模块的协同创新会推动客户直接参与企业生产流程，缩短产品开发周期和产业链结构，丰富产品种类，活跃航空产业市场。

7.3.2　模块化协同创新发展协同度评价

每个产业体系内部都有不同的运行模式，航空产业是一个庞大的产业体系，与其他配套和关联系统之间相互作用的过程更为复杂，航空产业各模块内部系统创新协调程度以及模块间的协同创新有序度，决定了航空系统在创新上发挥协同效应，从而促进整体创新，创造更大的经济效益。因此，本文引用系统协同度模型[126-130]，从组织管理模块化视角,对我国航空产业模块协同创新体系中各个创新要素之间的协同度进行评价。首先运用模块化的理论对航空产业链划分为四个模块,再通过协同度模型选取评价指标实证测算产业模块间的协同创新有序度,找出影响创新有序性的短板要素,采取措施进行改进,实现产业链结构的转型升级。

依据协同学的理论对协同度的定义指某系统内各要素间以及与外系统间相互联系紧密程度、相互影响强度和系统内有序程度的定量化。在1971年,哈肯提出了有关协同的概念,并系统地阐述了协同学理论,他认为,在一个开放系统中,开始各子系统和要素都处于无序状态,系统很难发挥其整体性,随着系统发展的不断调整,系统内部序参量之间的相互作用,使得系统走向有序,只有各个要素的隔阂消除,子系统内相互配合协调运作,实现资源最大化效用,系统的整体功效超越子系统单个功效之和。协同创新是系统内与创新相关的要素,实现非线性相互协调作用,使系统产生单要素所无法实现的创新协同效应。对于航空产业的模块化协同创新协同度,则是根据航空产业的结构特征,将产业链分几大模块,分析各模块内的创新要素与其他模块创新要素的协作程度,推动整个系统的创新结构有序化。

7.3.2.1 协同度评价指标体系构建原则

通过上文的分析可知,航空产业模块化系统的创新协同度的评价指标要能够反映系统协同创新的水平,有效的引导创新系统的发展。根据图 7 - 3，将协同创新系统分为四大模块：技术模块，产品模块，组织模块，服务模块。据此可将创新系统确定为技术模块创新，产品模块创新，组织模块创新，服务模块创新子系统，在分析过程中主要找出与创新相关的要素，测定各系统的创新协同的情况，为确保选取评价指标选取的客观性，避免评价指标的主观随意性，在对评价指标进行选取时要遵循以下几个原则：

（1）可行性原则。在构建子系统的评价指标时，要正确理解各指标的含义，指标数据能够通过数据整理和加工获得，指标数据最好能够定量化，减少定性指标，这样能有效保证数据的真实性，可靠性。指标数量要合理，确保数据能够反映产业系统的连贯性变化。同时注意指标的交叉重复，减少冗余，增强指标体系的可操作性。

（2）相关性原则。在选取评价数据时要分析深层次的含义的基础上综合考虑子系统间和要素间的关系，是否能够说明航空系统的协同创新的主体。在指标选取中能够发现许多与系统相关的指标，并非需要全部都罗列出来计算，这样既增加不必要的工作量，又不能简明扼要地说明问题，故根据相关性程度，区分重要和次要数据，在实证中要突出重点，分析能够反映重要问题的关键指标，而其他指标与其关联度高的因素结合，能够灵活多样的反映整体系统的其他问题。确保在设计评价体系与被评价对象结构相符，能真正反映模块化协同创新系统发展的状况。

（3）科学性原则。要想评价指标体系合理，要坚持科学有效性原则，航空模块化系统的指标要能够全面反映系统创新的协同程度，并应该保证指标的准确性、代表性和操作性以及指标间的不相关性。序参量的科学合理直接关系的最终分析结构的有效性，方便找出系统中存在的问题和潜在机遇。序参量体系的科学性不仅体现在结果上，还表现在系统结构上，变量体系设计得越合理，越能有效地反映系统的结构特征。

7.3.2.2 航空产业协同度评价指标的选取

协同度评价模型首先要选择航空产业协同创新系统的各模块的序参量，根据各模块的序参量计算其子系统内部的有序度，最后根据产业内各模块间的有序度来分析整个产业各模块创新的协同性，找到影响产业创新协同的程度的原因。本节结合上文对航空产业的模块化分析，并参考文献[131]，将航空产业模块分为技术模块，产品模块，服务模块，组织模块的四个子系统，通过选取模块内与创新相关的指标数据来测度航空产业系统的创新协同度。在评价指标选取时要结合相关性原则以及航空产业的特征来考虑，而创新的水平最直接反映在技术的进步程度和产品的更新换代速度上，故在创新指标选取时以技术和产品的创新因素为基础来考虑，组织模块的创新主要反映在企业和相关科研机构对研发在人力及资金等资源的投入强度，服务模块反映航空产业链中的为产品发展提供相关配套服务部分，也指航空产业中的航空运营服务的内容，服务模块的创新要素要能够体现服务水平的提升和促进产品发展。

（1）技术模块指标。产业技术是产业发展成熟度最直观的体现，激烈市场竞争迫使企业追求技术创新来实现超额利润。技术模块是对航空产业中所有与专业技术发展情况有关的要素归类，创新指标主要有技术改造投入，技术引进支出，技术消化经费，购买国内技术支出四个指标，其中技术改造投入，技术引进支出，技术消化经费的增加量与创新水平之间是负相关的，技术引进、消化、吸收经费比值是反映技术再创新能力的一个重要指标。各指标说明如下：

技术改造投入。是企业将最新科技成果应用于生产的各个环节，用先进技术替代落后技术，为提高企业工艺水平，提高产品质量、扩大生产规模等方面的投入费用。

技术引进支出。是购买国外技术的费用支出，技术引进得越多，说明企业技术水平相对较低，创新能力有待提高。

技术消化支出。是对国外引进项目进行消化吸收所支付的经费。技术消化水平如何直接影响企业的再创新能力。

购买国内技术支出。是对国内购买相关项目技术所支付的经费。

技术模块是反映产业的专业技术水平，而技术水平高低既是影响产业模块化分工的前提条件，又是产业实现模块化的基础，技术创新成为产业发展中的必然条件。

（2）产品模块指标。产品模块反映航空产业的产品创造价值的能力，也反映了航空产业持续创新发展的能力。根据指标可获取的原则，本书选取了以下三个指标：产品出口交货值，新产品销售收入，新产品技术开发支出，各指标的具体说明如下：

产品出口交货值。是航空产品出口销售给外商的销售收入。产品出口交货值是衡量企业参与国际市场竞争和合作的能力的一个重要指标，也是衡量我国航空工业企业融入世界航空产业链的一个主要参数。

新产品销售收入。是企业在采用新技术、新设计构思研制、生产的全新产品销售获得收入。新产品销售收入是反映产业技术创新能力和自主创新效率实现的主要指标之一。

新产品开发经费支出。是在产品开发科技活动中用于新产品研发的经费支出，包括新产品的研究、设计、模型研制、测试等费用。

这三个指标分别从产品参与国际竞争、产品创新的价值实现、再创新投入的支持力度来说明产品系统模块内部序参量的协同创新有序化。产品模块创新的有序度是影响整个航空产业复合系统的协同度的基本因素。产品和技术的创新程度直接影响整个产业的发展进程。

（3）服务模块指标。航空产业不仅是指飞机的整机生产制造和零部件的生产，还包括产品的研发、设计，运营保障服务和通用航空运输和应用等相关服务。航空产业的服务模块是航空价值链中经济效益增值最高、易获得超额利润的环节。本书依据可行性原则选取的服务指标：基础设施技术改造投入，服务系统建设投资，航空服务企业数。这三个指标从为航空产业整体发展提供服务上的创新和服务企业的创新两方面来探析服务系统的协同创新，各指标说明如下：

基础设施技术改造投入。是指为航空运输业和从事工业、农业、林业、渔业和建筑业等行业提供作业支持和为医疗卫生、抢险救灾、气象探测、海洋探测、科研实验、教育培训、娱乐摄影等方面的飞行活动，提供基础设施和空管系统服务方面的技术创新行为。基础设施的技术水平的提升是促进通航服务业升级的基础条件。

服务系统建设投资。主要包括投入建设信息系统、科研、教育系统，安全保卫系统、民航油料系统、机务维修系统、公共设施系统等为航空产业发展提供服务的系统所花费的费用。服务系统的创新是指各子要素间不断的竞争合作，使得子系统达到社会的需要，满足航空服务模块整体结构调整。

航空服务企业。受到我国航空服务业相关保障业务的发展不完善，统计数据资料缺乏的影响，该方面创新指标选择未能获得较全面的分析数据，故选择通航服务企业作代表性数据。通航服务企业数量能够说明我国民航制造业的技术进步水平和通航企业的服务规模的扩大。

（4）组织模块指标。任何企业的创新活动度离不开组织结构的优化，组织模块是产业系统模块化重要微观表征，组织结构模块是产业模块化的重要推动因素，促进产业系统完善。组织模块指标主要选取从产业对研发部门投入占企业整体的水平的比率来说明创新进展。主要指标有：研发人员数量，全行业从业人员数量，研发经费支出。

研发人员数量。是指该行业中从事研发设计和工程实验等科研活动的人员。研发人员占全部从业人员数量越高，反映了该行业的创新活动的投入强度大，有利于该新行业技术水平的提高，产品更新速度快，行业竞争激烈，产业发展活力大，反之则相反。

全行业从业人员数量。航空产业从业人员数量总和。

研发经费支出。是在研究开发过程，使用到人力，物料，资金等费用。企业研发支出占企业支出总额中比重越来越大，则表明企业为创新发展和核心竞争优势形成提供一种不竭的动力。

通过分析研发人员数量和经费支出的协同度，了解到航空产业成长的过程中组织结构是否符合产业发展需要。

根据上文所述，将航空产业模块化协同创新系统协同度评价指标体系归纳如表 7-1 所示。

表 7 – 1　　　　产业协同创新子系统测度指标体系

	子系统	序参量指标	单位	指标及数据来源
航空产业模块化协同创新系统协同度评价指标	技术模块（S1）	X11 技术改造经费投入	万元	中国高新技术产业统计年鉴
		X12 技术引进经费支出	万元	中国高新技术产业统计年鉴
		X13 技术消化经费支出	万元	中国高新技术产业统计年鉴
		X14 购买国内技术支出	万元	中国高新技术产业统计年鉴
	产品模块（S2）	X21 产品出口交货值	亿元	中国民用航空工业统计年鉴
		X22 新产品销售收入	亿元	中国高新技术产业统计年鉴
		X23 新产品开发经费支出	万元	中国高新技术产业统计年鉴
	服务模块（S3）	X31 基础设施技术改造经费投入	万元	中国民用航空局数据整理
		X32 服务系统建设投资额	万元	中国民用航空局数据整理
		X33 通用航空服务企业数	个	中国民用航空局数据整理
	组织模块（S4）	X41 研发人员数量	人	中国高新技术产业统计年鉴
		X42 全行业从业人员数量	人	中国民用航空工业统计年鉴
		X43 研发经费支出	万元	中国高新技术产业统计年鉴

7.3.2.3　模块化协同创新发展协同度评价模型

协同度模型指在产业系统自组织演化过程中，各模块节点企业间的非线性作用，并与系统一起随机的涨落，从而使系统处于非稳定状态，促使系统进入新的有序化结构即序参量的形成。系统协同度模型是用来测算各系统模块之间及模块内部要素在自组织发展过程中的协调匹配程度，能够更直观地反映产业系统的创新协同程度。航空产业的产品模块子系统、技术模块子系统、服务模块子系统以及组织模块子系统的协同度反映了航空产业的模块化协同创新自组织状态。因此，本节参考其他学者们运用的系统协同度模型[126-130]，来测算航空产业模块化协同创新系统中的协调程度和各子系统序参量相互作用的有序度。

假设航空产业模块协同创新系统为 S，模块协同创新子系统为 Si，$i \in [1, 4]$，S1 是航空产业系统中技术模块子系统，S2 是航空产业系统中产品模块子系统，S3 是航空产业系统中服务模块子系统，S4 是航空产业系统中组织模块子系统。在系统模块化协同创新系统中的序参量指标为 $x_{ij}(j = 1, 2, 3, \cdots, m)$，为第 i 个模块子系统的第 j 个序参量分量指标，$m \geq 1$，m 为模块子系统的指标数，$\beta_{ij} \leq x_{ij} \leq \alpha_{ij}$，其中 α，β 为子系统在均衡系统临界处的上、下限。序参量在系统中受到每个分量指标的影响对系统的有序度会产生正负效用，若子系统的有序度随序参量指标增加而增长，则是正效用指标。因此，本节中假定 x_{i1}，x_{i2}，$\cdots$，x_{ik} 为子系统序参量的慢变量，随取值增加而增长；若子系统的有序度随序参量指标增加而减小，则是负效用指标，因此，假定 x_{ik+1}，x_{ik+2}，$\cdots$，x_{im} 为系统序参量的快变量，随取值的增加而减小；采用公式（7.1）中对应的公式计算。由此，定义子系统序参量分量 x_{ij} 对 Si 子系统的有序度效用函数为：

$$u_i(x_{ij}) = \begin{cases} \dfrac{x_{ij} - \beta_{ij}}{\alpha_{ij} - \beta_{ij}} & j \in [1, k] \quad （正效应） \\[3mm] \dfrac{\alpha_{ij} - x_{ij}}{\alpha_{ij} - \beta_{ij}} & j \in [k+1, m] \quad （负效应） \end{cases}$$

$$（7.1）$$

在上述式中，$u_i(x_{ij})$ 是指序参量对系统有序度贡献的效率值，$u_i(x_{ij}) \in [0, 1]$，随着 $u_i(x_{ij})$ 取值增长，说明 x_{ij} 对子系统的有序度的贡献率越高。在本节中 $u_i(x_i)$ 表示各模块序参量分量 x_i 对模块化协同创新系统的有序度贡献值的集成实现的。

对模块化协同创新系统的有序度的计算，大多运用加权平均和几何平均数来测算序参量分量的有序程度。

第一：几何平均法来衡量航空产业模块化子系统的有序度，公式如下：

$$u_i(x_j) = \sqrt[m]{\prod_{j=1}^{m} u_i(x_{ij})} \quad i \in [1, 4] \qquad （7.2）$$

第二：线性加权求和法来计算子系统的有序度，公式如下：

$$u_i(X_j) = \sum_{i=1}^{n} \omega_j \mu_i(x_{ij}), \ \omega_j \geqslant 0, \ \sum_{i=1}^{n} \omega_j = 1$$

$$（7.3）$$

在公式（7.2）中，$u_i(x_i) = 0$ 时，模块化子系统 s_i 的有序度最低，当 $u_i(x_i)$ 越接近 1 时，表示模块化子系统 s_i 的有序度越高。在公式（7.3）中可以看出 ω_j 表示权数，即序参量 x_i 在 n 个指标中所占的权重，ω_j 的计算要考虑因素较多，既要考虑系统现运行的状态又要考虑系统要素的未来发展定位，在运算上比较复杂。故本节采用几何平均法来计算系统有序度，该方法比较简单实用，运算方便，很多文献著作都采用该方法来计算有序度。

基于上文对航空产业各模块化有序度的计算，由此可以构建它们之间的协同度模型。假设在初始时间段为 t_0，此时航空产业各模块化协同创新子系统的有序度是 $u_i^0(x_i)$，模块创新子系统内部也受到不断进行非线性涨落运动的作用，各模块整个系统随着时间变化发展到 t，此时模块化协同创新子系统的有序度是 $u_i^t(x_i)$，即：在技术模块子系统中有序度是 $u_1(x_1)$；在产品模块子系统的有序度是 $u_2(x_2)$；服务模块子系统的有序度是 $u_3(x_3)$；组织模块子系统的有序度为 $u_4(x_4)$；因此构建航空产业各模块子系统两两相互之间的协同度公式如下：

$$C_{ji} = \sqrt{[u_i(x_i) - u_i^0(x_i)] \times [u_j(x_j) - u_j^0(x_j)]}$$

$$(7.4)$$

由此定义航空产业模块化协同创新系统协同度公式如下：

$$C = \rho \sqrt[4]{|\prod_{i=1}^{4} [u_i(x_i) - u_i^0(x_i)]|} \qquad (7.5)$$

其中，$\rho = \dfrac{\min[u_i^t(x_i) - u_i^0(x_i)]}{|\min[u_i^t(x_i) - u_i^0(x_i)]|}$，

对于上述公式有以下几点说明：

（1）由定义可知模块化创新系统的协调度 $C \in [-1, 1]$，当 C 取值小于 0 时，说明没有协同关系，当 C 取值大于 0，且越来越大，说明航空产业模块间协同程度越来越高。

（2）在上式中 ρ 的取值影响航空产业模块协同度的方向，当 $\min[u_i^t(x_i) - u_i^0(x_i)] > 0$ 时，ρ 取正值，整个系统就会有正向协同度；在整个系统中，如果某个子系统的有序度变化较大，而另一个子系统的有序度变化不大或相反方向变化，此时 $\rho \in [-1, 0]$，ρ 取负值，那么整体系统的协同状态就会被打破，系统的协同度较差，只有四个模块系统的变化幅度同步或者相近，则整个系统才会协同，而对于整个系统协同程度的划分标准[130]见表 7 - 2。

表 7 - 2　　　　航空产业模块子系统协同程度划分

协同程度	-1 ~ 0	0 ~ 0.3	0.31 ~ 0.75	0.76 ~ 0.99	1
协同等级	不协同	低度协同	中度协同	高度协同	完全协同

资料来源：胡红安等. 我国军民融合产业创新协同度实证分析［J］. 科技进步与对策，2015（3）：121 - 126.

（3）在本节中，我们假定 $C \in [0, 1]$ 即整个模块化协同创新系统的协同度为正方向。通过上述的分析可知，本节在分析各模块子系统各指标要素运行有序度的基础上，来测算航空产业模块系统创新协调程度，在此我们在第

7.3.3 节实证分析中给出了系统中模块两两之间的相互协作程度，来论证各模块间的相互协同关系及促进整个模块化系统协同创新的关键模块。

7.3.3　实证分析

7.3.3.1　数据来源及处理

根据第7.3.2节中给出的协同度模型，选取我国航空产业模块内创新要素指标来实证各模块的协同创新的程度，这些指标体现了航空产业的制造和服务等方面创新发展现状和水平，为研究创新协同的评价效果提供实践数据。为保证数据的客观性、可靠性，数据主要选自统计年鉴以及民航行业发展统计公报等参考资料，具体数据见表7-3。

基于数据的可获得性限制，本节选取的2007~2013年航空产业的相关数据来计算航空产业的模块化创新的协同度。选取2007~2013年的相关指标数据是受航空产业发展的特殊性制约，在我国航空产业作为新兴战略产业之一，起步较晚及关注度不高，对航空产业相关数据的统计未形成统一和完善的体系，统计口径在不断改进，统计指标在不断完善，影响了数据收集的连续性，同时我国大部分制造航空企业是即生产军工产品又生产民用产品类，考虑到

表 7-3 航空产业模块化协同创新指标原始数据

年份	技术模块 S1				产品模块 S2			服务模块 S3			组织模块 S4		
	X11	X12	X13	X14	X21	X22	X23	X31	X32	X33	X41	X42	X43
2013	6741	1521	7895	440456	216	290288371	1363744	717	180	189	71	24896	422511
2012	7868	4346	8776	471001	211	237653174	1187582	712	187	146	85	25210	354133
2011	21109	5820	14764	330906	269	203845209	1156868	688	174	123	79	21630	364680
2010	64941	23563	16530	352979	199	163647630	964989	647	186	111	109	21978	356578
2009	26623	27578	14070	400696	207	2562529	627015	595	137	103	99	17017	250039
2008	6677	220	5657	303814	203	4524182	425487	568	208	89	117	15768	233229
2007	20797	3148	12919	506165	153	3722989	398801	457	107	74	117	17364	247459

保密性的要求，有些航空产业的统计数据是不公开的，故影响到相关指标数据的收集。选取的各指标的单位不同，因此需要对数据进行标准化处理来消除量纲，本书运用SPSS软件来进行数据标准化处理，转化为同一水平的无量纲化模块化子系统的具体测度指标，本书中各序参量的上、下限值设定为各年的指标的最大值、最小值的上、下浮动10%，见表7-4。

（1）模块子系统内的序参量分量的有序度。将表中7-3数据代入上文协同度模型的公式（7.1）中计算模块子系统内的有序度，得出航空产业模块子系统指标要素分量创新有序度，如表7-5所示。

（2）模块子系统的序参量有序度及模块化协同创新系统协同度。将表7-5中模块子系统内要素分量有序度数据代入协同度模型计算公式（7.2）中计算航空产业各模块子系统的有序度，再将得出的有序度数值代入公式（7.5）计算出整个模块系统的创新协同度值见表7-6。

（3）模块子系统间协同度。为了找出各模块系统两两之间的协作情况，将各模块子系统的有序度数据代入公式（7.4）中计算，得出各模块之间相互影响情况，并发现对整个模块系统的协同情况影响较大的模块子系统，各模块的相互影响协同情况如表7-7所示。

表7-4 航空产业模块化协同创新子系统消除量纲数据

年份（上下限）	技术模块 S1				产品模块 S2			服务模块 S3			组织模块 S4		
	X11	X12	X13	X14	X21	X22	X23	X31	X32	X33	X41	X42	X43
2013	-0.7476	-0.7075	-0.8908	0.5246	0.2271	1.3002	1.2521	0.9666	0.3353	1.8112	1.814	1.126	1.4111
2012	-0.6928	-0.4556	-0.6741	0.9293	0.0799	0.8747	0.8009	0.9133	0.5381	0.694	0.4853	1.2074	0.4845
2011	-0.0486	-0.3242	0.7991	-0.9268	1.7871	0.6014	0.7222	0.6576	0.1614	0.0965	0.5431	0.2795	0.6275
2010	2.0839	1.2577	1.2336	-0.6344	-0.2733	0.2764	0.2307	0.2207	0.5092	-0.2153	-0.4541	0.3697	0.5177
2009	0.2197	1.6157	0.6284	-0.0022	-0.0378	-1.026	-0.635	-0.3334	-0.9107	-0.4231	-1.0145	-0.9162	-0.9260
2008	-0.7508	-0.8235	-1.4414	-1.2858	-0.1556	-1.0101	-1.1512	-0.621	1.1467	-0.7868	-0.6803	-1.2399	-1.1538
2007	-0.0638	-0.5625	0.3452	1.3952	-1.6273	-1.0166	-1.2196	-1.8038	-1.78	-1.1765	-0.6935	-0.8263	-0.961
上限	2.2923	1.7773	1.357	1.5347	1.9658	1.4302	1.3773	1.0633	1.2614	1.9923	1.9954	1.3281	1.5522
下限	-0.8259	-0.9059	-1.5855	-1.4144	-1.79	-1.1286	-1.3416	-1.9842	-1.958	-1.2942	-1.1159	-1.364	-1.2692

表 7 - 5　　航空产业模块化协同创新子系统的序参量分量有序度

年份	技术模块 S1				产品模块 S2			服务模块 S3			组织模块 S4		
	X11	X12	X13	X14	X21	X22	X23	X31	X32	X33	X41	X42	X43
2013	0.9750	0.9262	0.7641	0.6575	0.5371	0.9492	0.9539	0.9683	0.7123	0.9449	0.9417	0.9249	0.95
2012	0.9573	0.8323	0.6904	0.7947	0.4979	0.7829	0.7880	0.9508	0.7753	0.6050	0.5146	0.9552	0.6216
2011	0.7508	0.7832	0.1898	0.1653	0.9524	0.6761	0.7591	0.8669	0.6583	0.4232	0.5332	0.6105	0.6722
2010	0.0667	0.1937	0.0419	0.2645	0.4038	0.5491	0.5783	0.7235	0.7664	0.3283	0.2127	0.6440	0.6333
2009	0.6645	0.0604	0.2479	0.4789	0.4665	0.0401	0.2599	0.5417	0.3253	0.2651	0.0326	0.1663	0.1216
2008	0.9759	0.9694	0.9511	0.0436	0.4352	0.0463	0.07	0.4473	0.9644	0.1544	0.1400	0.0461	0.0409
2007	0.7556	0.8718	0.3441	0.9527	0.0433	0.0438	0.0449	0.0592	0.0553	0.0358	0.1358	0.1997	0.1092

表 7 - 6 航空产业模块各子系统的有序度和
产业模块整体创新协同度

年份	技术模块 S1 $u_1(x_1)$	产品模块 S2 $u_2(x_2)$	服务模块 S3 $u_3(x_3)$	组织模块 S4 $u_4(x_4)$	协同度 C
2013	0.8207	0.7864	0.8670	0.9388	0.5090
2012	0.8131	0.6747	0.7640	0.6735	0.4210
2011	0.3685	0.7877	0.6227	0.6026	0.4977
2010	0.1094	0.5043	0.5667	0.4427	0.4494
2009	0.2627	0.1694	0.3601	0.0870	0.1744
2008	0.4451	0.1122	0.4053	0.0641	0.1462
2007	0.6817	0.0440	0.0489	0.1436	

表 7 - 7　　航空产业各模块创新子系统之间相互协同度

模块间协同度	2008 年	2009 年	2010 年	2011 年	2012 年	2013 年
技术—产品模块协同度	0.1270	0.2293	0.5132	0.4826	0.2879	0.3212
技术—服务模块协同度	0.2904	0.3612	0.5443	0.4239	0.3066	0.3372
技术—组织模块协同度	0.1371	0.1540	0.4137	0.3791	0.2639	0.3325
产品—服务模块协同度	0.1559	0.1976	0.4882	0.6533	0.6716	0.7793
产品—组织模块协同度	0.0736	0.0842	0.3710	0.5843	0.5781	0.7683
服务—组织模块协同度	0.1683	0.1327	0.3935	0.5132	0.6156	0.8066

　　表 7 - 6 体现了航空产业模块化子系统的有序度和航空产业模块间创新协同度的计算结果，根据表 7 - 6 得出航空产业模块系统协同度变化趋势图如图 7 - 4 所示。本书依据

航空产业各模块化子系统的有序度，将其代入公式中，算得各模块间的相互协同效应情况，并绘制各模块子系统间协同度的折线图详见图 7 - 5。

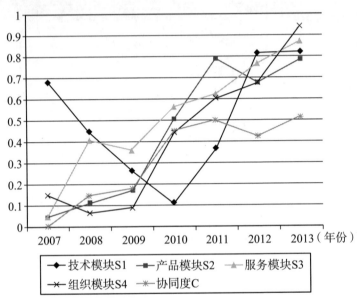

图 7 - 4　航空产业模块化协同创新有序度和协同度趋势

7.3.3.2　结果分析与讨论

结合上文的模型实际计算出航空产业模块化协同创新系统的协同程度的结果，现结合表 7 - 6、表 7 - 7 和图 7 - 4、图 7 - 5 来进行航空产业模块化创新协同效应分析：

（1）技术模块创新有序度及其影响。如图 7 - 4 和图 7 - 5 所示，航空产业的技术模块的创新子系统有序度是先下降后上升的趋势，且变化幅度较大，总的来说，子系统

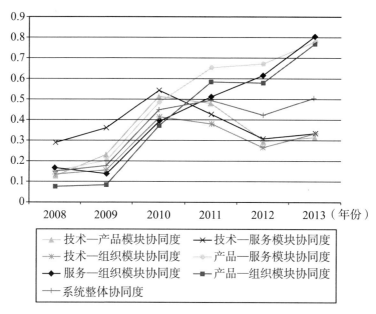

图 7 - 5　航空产业各模块创新子系统互动协同度趋势

的创新是处于较高程度的有序化。从 2007 年的 0.7 有序度下降到 2010 年达到最低值，之后开始快速上升在 2013 年达到 0.8 的高度有序状态。通过技术模块子系统内的指标分析，其中技术引进，消化和购买国内技术的经费支出波动较大，尤其在 2010 年三个要素处于较低水平，这三个指标与企业的自主创新效应是密切联系，企业在技术创新初期受到技术水平限制，通过加大技术引进，再消化、吸收进行自主创新，企业技术引进的支出越高说明企业的创新水平越有待加强。依据有关研究发现，消化、吸收支出是技术引进经费的 3 倍以上，才能表明企业重视技术创新以及企业真正起到技术进步的作用。通过原数据的分析，也可以看出航空产业的技术创新程度波动较大，只有技术改造支出的波动较小，整体上升。由于航空产业的技术模块的创新要素是遵循先技术引进，再技术消化和改造的周期变化趋势，所以航空产业的技术创新要素的变化较大，但不能说明企业技术创新投入力度的下降。这三个序变量的变化较大制约到技术模块创新系统内的有序化程度，也影响到着整个协同创新系统的协同度变化。

（2）产品模块创新有序度及其影响。如图 7 - 4 和图 7 - 5 所示，航空产业的产品模块的创新子系统有序度整体是上升的变化趋势，而且整个子系统的有序度达到了较高的有序程度。产品系统的创新主要表现在产品的出口交易值的增长和新产品的创新投入和创新绩效的增加。对航空产业内的产品模块的创新指标的分析，发现 2011 年是系统有序度最高的一年，造成这种变化是受到该年度出口交易值变量上升较快的影响，比较产品模块内部要素的有序度，了解到后两个指标的发展趋势是以 2010 年为转折点，之前是缓慢上升的，之后上升幅度较大并在最后达到高度有序化。而第一个指标是在 2011 年达到最高峰值，2010 ~ 2008 年和 2012 ~ 2013 年之间的变化幅度在 0. 003 ~ 0. 06 范围内，其中 2007 年则是有序度最低，导致产品子系统的整体创新序变量有序度下降是受到第一个分量指标在 2013 年的有序度降低的影响。航空产业的产品模块的创新发展，首要解决问题是系统内部的短板部分即产品出口交货量低的问题，航空制造业的出口交易值增长的缓慢，意味着我国航空产业参与国际市场的竞争合作的范围有待提升，产品的出口创新要深入了解国际市场的需要和国际市场接轨，提升我国航空产业的转包、维修的技术含量，在技术改造的基础上，加大自主创新投入，转变出口产业链结构。

（3）服务模块创新有序度及其影响。在航空产业服务模块的子系统的创新指标的协同有序度呈现波动上升，最后整个子系统的有序度到 0.8，处于高度有序化，对整体协同创新活动起到重要作用。而模块系统内的体现创新的服务要素，由为创新服务的航空基础和系统建设服务企业和提供航空服务企业，2007 年的有序程度低于 0.1，基本处于无序化状态，到 2008 年以后开始稳步上升，其中 2009 年出现小幅度的下降，经分析是航空服务系统创新投入减低幅度较大，和其他两个指标间的创新程度不同步，从而带来系统内的不协调。随着我国经济发展和市场需求的影响，我国对航空基础设施创新投入是稳步增加的，在 2013 年，指标的有序度达到 0.9，能够有效促进航空产业服务创新的发展。对于技术要求高的航空服务系统的创新水平不高，其中在 2008 年出现了较大的波动，创新行为的投入达到 0.96，比前一年增加了 20 多倍，由于基础服务系统之前的建设投入严重欠缺，为了发展需要，加重了基础建设的投入。对于提供航空服务的企业，改序变量的创新贡献率是稳步增加的，我国航空服务业的投入在不断上升，在航空产业的整体协同发展中起到一定的作用，与我国整个航空产业的市场服务需求相比，服务模块的创新行为还有提升空间。

（4）组织模块创新有序度及其影响。在航空产业的组织模块子系统的创新有序度是存在较小波动，但整体是上升的，模块最后的有序度是四个子系统中最高的，大大促进了整个系统的协同创新活动。在 2007 年和后两年的相比，出现小幅度的下降，但在 2010 年以后，开始急剧上涨，最后是四个系统中协同度最高的，说明我国对创新行为的组织结构调整较快，并取得一定的成效，是适应航空产业协同创新行为的。子系统的有序度受到内部序变量的影响，内部序变量的整体变化趋势和子系统同步，研发人员指标在 2012 年有序度增长较快，从而带动子系统有序度增加，但与其他模块相比较，组织模块的创新协作程度在此年是最低的。整体来看航空产业组织模块在近年来，创新有序度是增长最多的，说明我国已经关注到创新组织结构和市场的匹配度，能够快速适应市场变化。

（5）模块化协同创新系统协同度及其影响。从表 7 - 6、表 7 - 7 和图 7 - 4、图 7 - 5 的分析可以看出，我国航空产业的模块化协同创新的整体协同度还是不高，在 2007 ~ 2011 年处于上升状态，并达到最大值 0.4977，在 2012 年出现小幅度的下降，后来开始有所上升达到 0.5090，但整个系统的发展趋势是缓慢地上升，这可以看出我国航空产业的各模块间协同创新发展水平不高，各模块之间的创新发展不同步，各系统之间相互合作有待加深。模块化系统的协同创新发展不充分，有些模块的创新资源利用充分，极大地促进了创新发展，有个别资源未能有效利用，从而影响了系统的整体协同创新。通过图 7-5 我们可以看出各模块间互相影响促进协同创新效应，各模块的比较分析发现产品模块的创新是一直上升的，但也是几个模块子系统中有序度最低的。随着国家对航空产业创新投入力度的增强，航空产品模块的企业要把握机遇，积极实施工艺创新和产品创新，调整生产结构，全方位提升企业产品的性能，及时掌握市场行情变化，引导顾客参与产品开发过程。产品模块生产企业要加强与各部门或科研单位的合作，引导技术创新成果及时向产品环节转化，并和相关服务企业加强合作，实现企业组织结构模块的相应发展。在统计周期的 7 年中，服务模块子系统的整体发展水平要高于其他模块，对稳定系统协同度有积极作用，在 2013 年，各模块子系统的有序度度处于较高水平，但是整体模块系统的协同水平却不高，是受产品模块子系统的创新协同度的制约，最终使得整体系统的协同度不高。

（6）模块间相互协同及其影响。从表 7-6 中对航空产业各模块间相互协同影响分析，更加清晰地了解各模块间的创新协同关系。图 7-5 反映了航空产业模块子系统的协同创新关系，以及影响产业系统协同度关键因素。通过图 7-5 可以看出，技术模块与产品模块、服务模块、组织模块间的创新协同程度较低，都处于 0.3 左右，说明航空产业的技术创新水平和其他模块的创新水平不协调，其中在 2010 年出现一个峰值，这可能是受到一系列技术引进带来的短期航空产业创新效益提升。之后航空产业的技术创新水平下降，在统计周期中技术创新是上升的，表明航空产业的技术引进的增加带来了航空产业技术发展，但企业的自主创新能力和技术创新成果转化能力提升幅度较低，企业在引进技术的同时也要加强培养自主创新能力。产品模块的创新与服务模块、组织模块的创新协同程度相比技术模块有所增长，处于中度协同的程度，整体来说产品模块与其他模块的创新协同是稳步上升的状态，但产品和技术模块间的创新不同步，结合整体的协同度，我们可知，技术模块的创新水平是影响整体协同创新度的关键因素，而影响技术创新的因素比较多，航空产业要提升创新水平把握技术创新是关键，产品创新的水平即受到技术创新的影响，也受到相关服务模块因素的影响，而服务模块的创新一个技术要求相对较低，回报率较高的部分，它要求企业具有创新意识、特色资源和核心竞争要素，在不具备技术创新优势的企业可以通过知识要素的创新来获得产品模块的竞争优势。服务模块与技术模块、产品模块的同步程度不高，服务模块与组织模块的创新协同度是最高的，达到0.81 左右。服务模块和组织模块的创新对整个产业系统的影响是间接的，它们的创新发展促进航空产业创新是通过对产品模块和技术模块的影响来实现的，而产品的创新与技术创新能够直接推动航空产业经济效益增长，技术主体的创新行为驱动产品创新，相应产品模块的工艺改进、产品功能完善也会驱使技术模块的创新行为，这两者之间是相互联系、相互促进关系。而产品和技术创新互动带动组织结构变化和服务企业创新行为。通过上文的实证分析我们可以看出航空产业系统中技术模块和产品模块的创新发展是推动航空产业模块化系统整体创新进步的主导力量。

7.4 本章小结

航空装备产业协同创新发展具有内在规律性，受到多种因素的影响，是一个复杂的系统工程，需要系统考虑输入因素，从多个角度研究其系统模式。

本章分析了航空装备产业协同创新发展的动力机制，认为国家产业政策的引导、市场环境需求的推动、产业融合发展的转型以及企业创新能力的提升是影响航空产业协同创新发展的主要因素，并从产业的价值创造、要素的开发利用、组织的管理方式以及资源的协同配置四个角度分析产业创新思路。在此基础上，提出了两种典型的航空装备产业协同创新发展模式：一是基于服务型制造的"三全一协同"全面协同创新发展模式，即"全产业链创新—全要素创新—全过程创新—模块化协同创新"为一体的航空装备产业全面协同创新发展模式，并通过波音公司创新的案例分析，讨论该模式发展的可行性；二是基于产业管理模块化视角的模块化协同创新发展模式，将航空产业从管理角度划分为技术模块、产品模块、服务模块以及组织模块，并通过构建模块化协同创新系统的协同度模型，从实证角度分析了我国航空产业模块化协同创新发展的协同情况，结果表明各模块近年来整体上的协同水平呈上升趋势，且技术模块及产品模块对协同创新协同起主要影响。

第8章 航空装备产业协同创新发展策略

本章结合第 2 章至第 7 章的研究，对我国航空装备产业、江西省航空装备产业的发展策略进行设计。首先，针对航空装备模块化质量特性，提出服务型制造下的模块化质量协同创新策略；其次，参考波音公司发展模式及我国航空产业发展历程及现状，提出服务型制造下的全面协同创新发展策略；最后，针对江西省航空装备产业的发展简况及协同创新现状，提出江西省航空装备产业协同创新发展路径。

8.1 服务型制造下的模块化质量协同创新策略

8.1.1 航空装备产业的服务型制造发展策略

8.1.1.1 航空装备企业的模块化服务延伸

为了提供更优质的航空服务，航空装备企业应当实施模块化服务延伸战略。模块化服务延伸主要指服务型制造企业向生产性服务领域渗透，即其业务模块向生产性服务价值模块渗透，并形成独立的组织单元，成为服务模块的提供商。此时模块提供商与模块服务商相互协作，实现整体利益的最大化。

航空装备企业实施模块化服务延伸策略，就是将服务延伸到产品生产的各个环节，将服务嵌入价值增值网络，实现制造服务模块一体化。例如，向生产性服务模块延伸的生产性服务提供商，主要包括金融公司、公用服务集团、航空服务部、贸易公司等为制造业提供生产性服务支持，通过模块化服务延伸，可以提高制造业处理业务的灵活性与便利性；另外，航空装备企业通过模块化服务延伸的产业化，如航空租赁、维修服务、通航运营等市场开发，有利于扩展业务范围，增强企业的竞争力。

8.1.1.2 航空装备企业的模块化服务外包

航空装备企业的模块化服务外包主要指服务性生产模块的工艺流程外包及生产性服务模块外包。航空装备企业实行模块化服务外包的生产方式可以降低子模块之间的关联，进一步降低了成本中的协调成本。航空装备企业在对零部件生产及装配等流程外包时应考虑的主要能力主要包括加工设备、加工网点数、技术先进程度、批量生产柔性、服务创新回报率等能力；生产性服务外包主要包含一些信息技术、商业流程和知识流程的外包。

服务外包产业链上各个环节的附加价值分布符合"微

笑曲线"原理，外包服务总提供商位于产业链的最高端。航空装备企业通过模块化外包服务的产业化，如国际转包生产能力提升，航空新材料、元器件产业化，有利于增强产品的核心竞争力，另外，有助于提高人力资本积累、发挥规模经济作用。

8.1.1.3　航空装备企业的模块化服务集成

模块化服务集成指在信息技术等支持下，由业务模块组成的价值网络中，通过对服务资源、服务设施和服务技术的整合和管理集成，实现的一种相互紧密连接和高效运行的模块化服务网络。

服务型制造网络中，模块化的服务使得模块的集成成为必然，具有集成能力优势的服务模块集成商针对自身企业、合作企业以及客户的具体要求，通过模块化服务集成的产业化，如推进 ARJ21、新舟支线飞机系列化发展，提升航空大部件和机载系统的国际化发展水平。由于模块之间的联系以市场为前提，具有临时性和不固定性，模块化服务集成商能够根据不同的技术环境及市场动态对各个模块进行及时调整，使得服务型制造网络的各个模块提供商获得最大的利益。

8.1.2　航空装备产业的模块化质量协同创新策略

服务型制造模式下，各模块节点质量行为间的协同对 SMN 的有效运行有重要意义。为科学地对 SMN 模块化质量协同行为进行控制，调节控制序参量，增强模块间的协作能力，参考第 6 章的模块化质量协同模型，提出以下几个方面的模块化质量协同行为管理对策。

8.1.2.1 平衡态模块化质量协同管理对策

（1）当 SMN 模块化组织未达到协同稳态改变临界点，且忽略外界影响时，质量状态点的协同状态不发生改变，其模块化质量系统的自反馈能力越强，恢复平衡的速度就越快。因此，模块集成商应当整合各模块节点能力，使模块服务提供商和集成商共同承担研发成本，分散经营风险，提升模块节点服务核心质量竞争优势，增强模块化质量的自适应性。

（2）当 SMN 质量系统处于稳定的动态平衡并且外界存在着较小的涨落力时，模块化服务核心能力对模块化质量状态发生改变的影响力开始增强。此时在保证整体投入比例不变的情况下，管理者应从产品质量服务最核心角度分析产品的关键技术、信息和设计，提升产品服务核心能力。对于服务性生产模块提供商，应从市场分析、产品研发及销售服务等角度提升服务核心能力；对于生产性服务模块提供商，应提高其专业化水平，加强生产性服务标准化，提升服务效率，优化服务结构；对于服务模块集成商，应加强集成化服务能力，完善工艺外包合作机制等。

8.1.2.2　非平衡态模块化质量协同管理对策

（1）当 SMN 模块化质量协同处于平衡状态改变的临界条件下，即当外部环境发生改变时，节点的模块化质量协同状态将发生改变，原协同状态不再适应新的环境，SMN 质量系统内部将出现新的模块化质量协同状态。此时服务性生产模块提供商应当提高技术先进程度，提高制造流程模块化外包的产出水平。生产性服务提供商应从增加信息服务、金融保险支持度，提高物流外包服务便捷度等角度提高生产性服务水平。此外，各模块提供商或集成商高层管理者必须从战略的角度分析模块化服务质量序参量的新特征，积极培育具有核心能力优势的节点模块化质量协同良性序参量。

（2）从系统非平衡态协同运动轨迹中得出，各影响因素在不同的协同阶段发挥作用大小并不相同。当处于原协同稳态被破坏初期，模块化服务核心能力起关键作用，此时企业应当在兼顾改善模块化服务质量水平和质量创新水平两个序参量前提下，科学设计服务核心能力评价体系，着重提高模块化服务核心能力；中期阶段着重改善企业服务结构，优化服务质量水平，提升服务层次，提高顾客满意度；最后阶段将重心转移到对产品的质量创新水平上，从分析市场需求、重视产品研发、提高产品科技含量等角度提高产品核心竞争力。

8.2　服务型制造下的全面协同创新策略

由于技术的落后和产业资源的相对分散，产业集聚能力差，价值创造来源单一，中国航空装备业长期处于全球航空价值链的底端。中国航空企业面临着巨大的机遇和挑战，因此需要寻求新的价值创造空间和创新模式。通过第7章对航空装备产业价值空间的分析以及对波音公司的服务型制造和创新模式研究，结合我国航空装备产业发展现状，本书认为中国航空企业应走服务型制造路径下的全面协同创新之路。

8.2.1　中国航空装备产业发展现状

8.2.1.1　中国航空工业发展历程

在 1951 年，我国航空工业开始于飞机维修，最早生产的一架飞机是初教 -5；后来利用苏联提供的技术支持和坚持不懈的技术创新发展，在 1959 年，生产了超音速喷气飞机歼 -6，使得中国成为当时世界上少数几个能够批量生产喷气式战斗机的国家之一。中国航空工业发展经历了仿制和测绘设计阶段：如按苏联生产的安 -24B 飞机由西飞设计研究所和西飞公司测绘设计的运 -7 飞机。其次自行研制阶段：依据波音 707 -320C 型飞机，参考设计了运 10 飞机，但该项目最终失败。再次是国际合作阶段：利用麦道公司想要获得中国市场，以市场换技术。但是最终并未获得国外的关键技术。再到改型研制阶段：主要利用运7飞机进行改制生产了新舟60飞机。最后是自主研制新阶段：鉴于前面的航空发展策略的失败，中国不断加强航空技术创新，自主研制ARJ21支线飞机获得较大进步。

我国的大型客机重大科技专项研制工作已经全面启动，进展较为顺利，根据计划，我国C919大飞机即将在2017年4月底首飞；我国首架拥有完全自主知识产权的ARJ21 - 700新型涡扇支线飞机已于2008年11月28日在上海成功实现首飞；最新改进的新舟600飞机也已于2008年10月首飞成功；海鸥300水陆两用轻型飞机、农五B型农用飞机、运12F多用途飞机正在研制中。我国航空制造业现已逐步形成涡扇支线客机、涡桨支线飞机、中型货运飞机、小型直升机、中型直升机、大型直升机、客货混装多用途飞机、农林专用飞机、小型通用飞机、教练机等十大自主产品系列。

我国航空制造业的研发和生产发展的历程，如图8 - 1所示，经历了从直升机到支线飞机，再向大飞机项目进军。

8.2.1.2　中国航空产业组织布局

航空产业是包括了设计和研制、生产和修理、飞机销售、航空运营和使用、为保障航空运营提供基础设施建设服务的行业，以及由航空工业和服务延伸的相关辅助行业。航空企业主要是航空飞机整机生产商、提供飞机相关专业

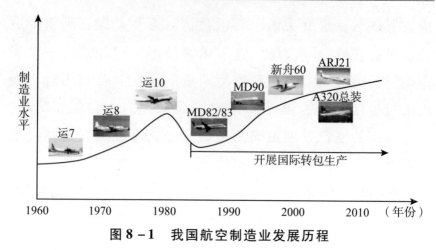

图 8 - 1　我国航空制造业发展历程

资料来源：李艳军. 中国航空工业发展纵论（PPT），南京航空航天大学，2010. 11.

和通用零部件的供应商，以及独立的或者企业旗下的研究设计单位、试验中心和科研院校等。根据 2013 年统计数据，我国航空企业大约有 132 家，全部从业人数 33.1 万人，东部地区占 68 个，中部地区 23 家，西部地区有 41 家。其中在我国航空产业代表性企业有：中国航空工业集团和中国商用飞机有限责任公司。中航工业主要承担军、民用飞机和相关的发动机、机载设备、武器火控系统和民用产品的研制、生产、销售、售后服务等业务。航空产品包括歼击机、歼击轰炸机、运输机、教练机、侦察机；非航空产品已形成发动机、汽车、制冷与环保设备、房地产、金融证券等。中航工业旗下有 500 多家子公司，上市公司 26 家，员工约 50 万人，注册资本 640 亿元。2008 年我国为实施大型干线、支线飞机生产专项活动实现我国民用飞机产业化而成立中国商飞公司，中国商飞公司主要从事民航飞机及相关产品生产、销售、租赁和金融服务业务；承接飞机零部件的转包生产业务；从事业务范围内的投融资、外贸流通经营、国际合作、对外工程承包和对外技术、劳务合作等业务以及经国家批准或允许的其他业务。代表产品有 C919 大飞机和 ARJ21 支线飞机。

8.2.1.3　中国航空产业经济规模

航空产业是一个高附加值和强带动力的产业，根据国外的数据表明：通用航空产业投入产出比为 1∶10，就业带动比 1∶12，技术转移比 1∶16。发展航空产业能够带来巨大的经济效益和社会效益，从国家安全和战略角度来说，航空产业的发展水平一定程度上体现一个国家的工业制造水平。在航空产业产值持续上升（见图 8－2），到 2015 年航空产业的产值达到 660 多亿元。但与欧美发达国家相比还存在较大差距，据统计到 2016 年，美国航空产业产值达 2910 亿美元，是中国航空产值的 4 倍以上。近年我国在航空产品生产上积极参与市场合作，市场份额持续增长的趋势，到 2014 年我国航空产品主营业务收入 2100.4 亿元，利润总额 105 亿元，我国航空产品出口交货值 216.5 亿元，相比 2013 年均呈上升趋势。但长期以来我国航空产品的产业结构中，飞机维修值和转包生产占较大部分，由于承接飞机维修和转包生产业务能够带来短期的迅速上升的经济效益。与日本航空产业相比还存在距离，日本已经参与到某些重要部件的生产，如三菱重工等企业在波音 777 项目中承担了 22% 的工作，而我国在承接外包业务的技术水平有所提升，但还停留在非关键零部件生产上，在关键零部件生产上还未掌握核心技术，特别是发动机的研制技术。

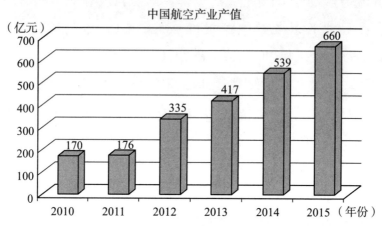

中国航空产业产值

图 8－2　2010～2015 年中国航空产业产值增长情况

资料来源：中国产业信息网。

8.2.1.4　中国航空产业发展存在问题

产业技术水平滞后。现阶段航空产业技术能力提升较大，但与其他发达国家还有一定的差距，在航空产品的开发上，国家优先考虑军用航空产品的研发，大多数航空企业是军工企业，生产满足军事需要的航空产品。我国航空产品的出口是承接国外大型航空企业的零部件生产和低端产品的组装，国外对航空技术的输出和外溢进行了严格控制，我国难以通过组装生产来获取技术外溢，我国要提高航空产业发展水平，只有坚持独立自主的技术创新，才能改善中国航空产业技术水平，融入全球航空产业链。

　　组织管理体制不活。我国大部分航空企业都是国有企业，航空产品生产存在计划经济时代的按需生产特点，主要航空生产是满足上级主管部门和相关企业的需要，企业的技术创新和生产积极性不高。同时，航空企业的运营体制也存在问题，企业自主经营权有限，增加了航空企业灵活性经营的难度。

　　产业整体水平不高。航空产业是高附加值和高联动性的产业，航空产业被国家确立为建设创新型国家和实现国民经济新增长的重要产业，一个航空项目的投资能够带动数十个相关产业的生产。但是我国航空企业布局分散，航空产业资源共享受到地理环境限制，各地区的航空产业发展水平参差不齐、产品种类各异，也加大了企业合作的难度，导致各地区航空产业规模较小，难以获得规模收益。现阶段我国航空产业整体水平不高，难以形成具有核心竞争力的龙头企业，缺乏统一管理，难以形成产业集群，导致航空产业的辐射能力弱。

8.2.2　中国航空装备产业发展服务型制造的路径

　　Glasmeier 和 Howland （1994）[133] 认为，知识密集型的生产性服务业是企业构成产品差异和决定产品价值增值的基本要素。目前，中国航空装备产业布局分散，产业规模不足、产学研合作分散、产业链不完整，企业内部尚未形成一个集服务、制造为一体的完整价值链体系和服务型制造生产模式。为发挥产业集聚优势，寻求新的价值创造空间，中国航空工业应主动发挥航空制造基础能力优势，积极加强国际合作，嵌入全球航空产品的价值链，实现航空装备产业的服务型制造。

（1）优化协同联盟关系，构建航空装备的服务型制造网络。针对中国航空装备产业的产学研合作分散、产业规模不足的现状，需优化企业组织间的联盟关系和方式，构建航空装备的服务型制造网络。中国航空装备企业应围绕服务型制造集成商，通过与成飞、沈飞、西飞等具有各自优势的模块提供商合作，构建主导型服务型制造网络。同时，中国航空装备企业应当与航空研究机构、航空高校合作进行技术研发，与哈飞直升机、西航的发动机等具有优势的企业合作，建立长期的协同合作关系，实现产业技术创新联盟。

（2）提升国际合作层次，突出航空转包的服务性生产优势。现阶段中国航空工业主要负责航空部分机身部件以及发动机叶片等零部件的加工制造，占据生产成本较大的发动机、飞行控制、电子系统等仍需进口，中国航空装备产业由其自身技术落后的局限性以及廉价劳动力的优越性要求中国航空企业应积极加强国际合作，主动承接国际转包生产业务。在承接转包业务过程中，应避免高耗材、高污染的生产方式，通过与集成商的交流与学习，不断提高技术创新水平，创造服务性生产价值；在实施转包业务模式上，应从简单的转包生产模式向风险合作模式、供应商集成联盟模式转变，以提升国际合作层次，突出航空转包的服务性生产优势。

（3）扩展服务业务范围，创造航空产品的生产性服务价值。在航空产品价值链中，包含从购买阶段的金融服务、保险服务、咨询服务，到使用阶段的维护、修理服务，直到飞机最终报废的飞机回收处理服务等一系列生产性服务环节。中国航空装备企业应通过子模块提供商的优势能力分析，向航空产品的生产性服务领域延伸，并将服务延伸到产品生产的各个环节，实现制造服务模块一体化。通过建立金融公司、公用服务集团、航空服务部、贸易公司等为集成商提供生产性服务支持；通过航空租赁、金融租赁、维修服务、通航运营、航空培训、航空保险、航空展览等市场开发，扩展航空产品的业务范围，创造生产性服务价值。

8.2.3　中国航空装备产业的全面协同创新发展策略

中国航空装备企业应按照以关键技术开发为核心，带动全产业链的"价值创新—提升全要素创新能力—培育全过程创新能力—增强模块化协同创新的创新体系构建全面协同创新发展"模式。

（1）全产业链关键技术开发。服务型制造视角下，航空装备产业链的前端即关键技术在航空工业利润获得途径中占据重要地位。航空装备企业应通过与国外相关行业学习交流及与研发单位合作，及时掌握信息动态，确定全产业链中关键技术开发方向，如加快实施大型飞机科技重大专项，开展大型商用涡扇发动机研制，加强飞机和直升机总体设计和试验，加强航空新材料及其零部件制造、航空设备及系统、新型涡轴发动机、适航、空管系统等关键技术研发，增强产品核心竞争力。

（2）全要素创新能力建设。全要素创新主要包括技术要素上的创新及非技术要素上的创新。在技术要素层面上，航空装备产业应建设民用航空创新体系、航空重点试验验证设施及适航、安全保障等航空综合技术开发机构，对航空产品结构、航空新材料进行研发，提高顾客舒适度和产品安全性，降低资源消耗，提升价值创造。在非技术要素层面，航空企业应配合技术创新诉求，改善企业管理模式，培养相互竞争、相互协作的企业文化，提升航空服务创新能力。

（3）全过程创新能力培育。全过程创新即从全局的高度，培养全员的创新意识，选择最优的创新管理方法，创造最大的企业创新效益。全过程创新具有即时性和地域性，因此对于企业内部，航空装备企业应成立专门创新管理团队，制定符合企业本土文化的相关创新激励政策，遵循PDCA管理循环，形成不断改进企业不良文化、不断提高创新意识的全过程创新管理模式。例如构建航空装备产业创新体系、培育创新主体，提升产业转型升级能力等。对于企业外部，航空装备企业可根据供应商核心能力优势，以利益为纽带，通过有效的管理创新方法增强供应商的创新能力。

（4）全面协同的模块化创新。航空装备企业在以模块集成商为核心的模块化创新模式中发挥着领导作用，体现着很强的网络关系。航空总集成企业可通过并购、合资、合作、技术联盟等各种方式对其他模块进行控制，通过信息间的及时共享和模块节点间的相互联系，使得各个子模块根据实际运作情况不断协同运作，最终达到较为稳定高效运行的协同状态。例如，通过实施服务型制造、强化要素关联性；通过评价模块间相互影响度，提升模块化创新协同度，有效实现航空装备产业全面协同的模块化创新发展。同时，航空企业应积极培育产业化市场，实现模块化服务延伸策略，如航空租赁、维修服务、通航运营等模块化衍生产业的发展，占据市场份额，拓宽价值空间。

8.3　江西省航空装备产业协同创新路径

8.3.1　江西省航空装备产业发展现状

8.3.1.1　江西航空产业发展规模

经过 60 多年的发展，江西省已成为全国重要的航空产业研发和生产基地，拥有全国唯一的直升机整体设计研究所，也是全国唯一拥有3家（洪都集团、昌飞公司、九江红鹰飞机制造公司）飞机整机制造企业的省份，形成了以教练机、直升机和通用飞机为主体的比较完整的航空产业体系。目前，江西省有航空企业65家，其中航空制造企业39家，航空服务企业21家，科研单位5家，航空产业从业人员3万余人，到2015年江西航空产业主营业务收入超500亿元，预计到2017年实现航空产业主营业务收入800亿元，到2020年实现1400亿元[132]。江西省形成了直升机、教练机研制生产为中心的通航飞机生产基地和围绕中航工业的洪都、昌河等整机企业，形成航空制造业的转包生产中心。按照江西省产业发展实际情况，构建航空金融资产公司，引导市场资本进入航空市场，重新布局航空市场发展战略，对未来通用航空产业的产能释放以及增加供给有重要的推动作用。在产业政策上，江西出台了一系列支持航空产业发展政策、规划，例如，《鄱阳湖生态经济区规划》中提出，围绕飞机制造和国际航空转包生产任务，整机制造企业积极参与大飞机研发项目。在江西南昌投资300亿元，建立航空工业城，逐步建立飞机维修、零部件生产等产业集群配套体系，实现江西航空产业与江西工业协同发展的新局面。成立南昌临空经济区，实现航空制造业与航空运输、保障服务、临空商务等关联产业的联合，形成航空产业经济集聚区。

8.3.1.2　江西航空产业模块化研制能力

产业模块化生产方面。江西省借助大飞机项目的发展机遇和航空产业模块化契机，江西省洪都、昌河和中国商飞签约，成为我国大飞机项目的模块化供应商之一，C919项目主要采用模块化"集成商—供应商"的生产模式，在全国范围内选择符合标准的供应商，洪都、昌河做主要子模块，洪都主要提供机身主体的研制和生产任务，昌河主要提供机翼等零部件研制生产。而子模块的技术研发水平会影响到产业链的整体水平，洪都作为大飞机主要供应商和整机生产企业，有必要利用融入大飞机项目的机会来充分发挥自身的优势资源，转包非核心技术，专注技术创新和其他航空企业实现生产协作，获得市场认可，提升企业的供应商地位，从而带来更大经济效益。

模块化协同创新能力方面。江西除了 3 家整机制造企业和江西景航航空锻铸公司、航空凯贝公司等配套企业之外，还拥有中国直升机设计研究所（602 所）、洪都飞机设计所（650 所）和南昌航空大学、江西航空职业技术学院、江西航空技术学院等科研院所和试验基地。现有国家级企业技术中心 2 家、省部级重点实验室 10 个、航空专业博士后工作站 3 家、硕士点 70 个。几十年来，江西省航空产业始终坚持"引进来、走出去"的发展战略，采用模仿创新、合作创新、自主创新等多种创新方式相结合，不断提升创新能力和水平，实现了航空产业的跨越式发展。在这一创新过程中，江西省航空制造企业通过科技项目合作以及参与国际转包业务等形式，与省内外科研机构、高等院校、中航工业下属相关企业以及境外航空制造企业和科研机构开展了各类技术攻关和重点项目联合研制工作，在协作中自主突破了一些核心关键技术，引进吸收了部分先进制造工艺和技术，取得了一批自主知识产权，形成了以 K-8、L15、利剑无人机为代表的典型产品。在国家以及航空产业大力实施创新驱动发展战略的背景下，江西省航空产业正向协同创新方向发展，并得到了政府、航空制造企业以及科研院校的高度重视。2012 年，以教育部"2011 计划"为契机，省政府批准南昌航空大学、中航直升机设计研究所、中航昌河飞机工业（集团）有限责任公司、中航江西洪都航空工业（集团）有限责任公司、中航北京航空材料研究院、中航航空动力机械研究所、中航南方航空工业（集团）有限公司等六家企业和科研院所组建了江西省航空制造业协同创新中心，该中心将围绕直升机设计与制造、航空材料热加工、航空材料与构件检测评价和航空构件精密加工四个方面开展协同创新工作。

8.3.1.3　江西航空产品结构与服务能力

航空产品结构方面。洪都集团先后生产了运-5 多用途运输机、农 5A/B 农林专业飞机、L-7 运动教练机、K-8 中级教练机、"猎鹰" L15 高级教练机。602 所和昌河飞机公司先后研制生产了 AC310（1 吨级）、AC311（2 吨级）、A109（3 吨级）、S-76（5 吨级）、AC352（7 吨级）、AC313（13 吨级）等型号直升机，形成了大、中、轻型直升机系列化多品种格局。其中：602 所研制的 U8 无人直升机，已于 2012 年底实现整机出口；直 10 型机作为我国自主研发的第一款专用武装直升机，其总体性能已达到国际先进水平；2012 年，AC313、AC311 两型直升机获得生产许可证，标志着江西省研制生产的多款直升机已满足适航要求，具备了生产国际先进民用直升机的能力。另外，洪都集团和昌飞公司还与空客等公司开展了一系列转包生产业务，并积极承担国产大飞机的零部件制造任务。

航空配套服务方面。目前，洪都集团、昌飞公司、九江红鹰飞机制造公司通过合资、收购等方式各拥有了两个通用航空运营企业。在政府推动下，还创建了南昌航空产业国家高技术产业基地和景德镇市直升机国家新型工业化产业示范基地（全国唯一的国家级直升机产业示范基地）等 2 个国家级产业基地，形成了一定产业配套能力和产业集聚。

8.3.1.4　江西航空产业发展存在问题

总体来说，江西省航空产业发展迅速、成绩不俗，但不足之处也很明显：自主创新能力较弱，缺乏核心关键技术；材料、制造等基础工业薄弱，使得主要部件预期寿命短，品质可靠性差；航空动力系统等关键部件过分依赖进口，受制于人；政府对航空产业的扶持政策和财政支持有待加强；产业协同创新能力、范围和层次较低，无法满足航空产业和国家创新发展战略的长远需求。

8.3.2　江西省航空产业协同创新路径

由航空产业协同创新的内涵其特征可知，航空产业的协同创新过程是个复杂的系统工程。这一创新工作的开展不仅需要立足江西省航空产业发展实际，通过协同创新来提升产业核心竞争力，培养高层次复合人才，推动区域经济发展，还需要紧密围绕国家战略需求，解决一些行业共性关键技术问题。借鉴国内外协同创新的成功经验和发展路径，江西省航空产业协同创新应做到明确协同创新思路、融合多种协同创新模式、实施重大协同创新项目，制定合理的协同创新措施。

8.3.2.1　协同创新思路

协同创新的动态性特征决定了高层次自主创新能力的形成需要经历一个由弱到强的演化和成长过程。经过60多年的发展，江西省航空产业在中部地区已具有一定的实力，但同西安、成都、上海等地区的航空产业相比，还存在较大差距。一方面，江西省航空产业布局分散、产业集聚效果不明显、自主创新能力较弱，缺乏核心关键技术；另一方面，随着航空工业上升为国家重大发展战略，各地纷纷新建了航空产业园，且在全国航空产业向东部及发达地区转移的大趋势下，江西省航空产业的传统优势正逐步丧失。在此背景下，江西省航空产业面临着内外部的双重挑战和压力。

因此，江西省航空产业协同创新应遵循分阶段的双重协同创新思路，首先，依托现有优势产品如教练机、直升机等，以重点解决产品设计、制造中缺乏的核心关键技术为突破口，与江西省航空制造业协同创新中心及传统项目联合研制机构合作，攻克一批关键技术，实现自主创新能力的积累和提升；与此同时，面向国家航空产业发展需求和航空产业向东转移趋势，合理选择优势产业，依托地域优势和航空产业基础优势，融入东部沿海地区航空产业发展，积极承接和参与国家重点项目研制工作，扩大协同创新的范围和层次，实现以全产业链协同、全过程协同、全要素协同为目标的全面协同创新。

8.3.2.2 协同创新模式

航空产业协同创新的主体包括航空制造企业、政府、科研院校等三大类，三类主体都在航空产业的协同创新工作中发挥着关键作用，并形成了以自身为核心的全面协同创新模式，这使得协同创新的形式表现出多样性。

对于航空制造企业来说，既是航空产业发展的载体，又是航空产业协同创新的主体。以航空制造企业为核心的协同创新，有利于实现产业和科技的协同创新，推动创新链和产业链的有效结合。尽管江西省三大航空制造企业在产品结构方面有所不同，且在早期产品的研制生产过程中已形成了固有的产业网络和创新网络，但由于协同创新项目多是重大或重点项目，这就需要洪都、昌河等航空制造企业结合现有产业链和产品优势，做好后续产品的规划和研制工作，凝练出关键攻关项目，以项目需求为驱动，突破现有创新网络的边界，与国内外相关企业和科研院校紧密结合，切实提升自主创新能力。

对于政府来说，在协同创新过程中发挥着政策、资金支持和统筹协调优势，以政府为核心的协同创新，有利于实现区域科技协同创新。目前，我国航空产业的发展主要采取的是市场机制下的政府主导形式，60多年来，江西省航空产业的发展也离不开政府的支持和引导，从《江西省六大支柱产业发展规划》到《江西省十大战略性新兴产业发展规划》，航空产业都位列其中。尽管现有航空制造企业和省内外制造企业、科研机构、高等院校之间科技合作的数量越来越多，但在管理体制、资源配置、组织方式等方面都还存在很多不足，尚不能满足协同创新环境下协同创新主体跨组织协同和协同创新要素跨区域聚合的要求，而这些工作都离不开政府的统筹协调和引导。

对于科研院校来说，借助其人才、科研成果及学术合作优势，有利于促进国内外高端科技创新资源与企业创新需求的无缝对接。目前，江西省形成了以南昌航空大学牵头的江西省航空制造业协同创新中心，但研究领域仅限于直升机设计与制造、航空材料热加工、航空材料与构件检测评价和航空构件精密加工等方面，尚无法满足江西省航空产业协同创新的长远要求。目前，北京航空航天大学、南京航空航天大学等国内知名航空院校分别与中航工业集团成立了先进航空发动机协同创新中心、直升机协同创新中心等机构，这些协同创新中心与江西省航空产业具有很强的互补性，这就需要省内外各协同创新中心之间加强科技合作和沟通交流，以此提升江西省航空产业协同创新效果。

尽管在航空产业协同创新过程中，三大协同创新主体都形成了以各自为核心的协同创新网络，但实际上各协同创新主体都同时内嵌于一个或者多个协同创新网络，同时开展多种协同创新项目攻关工作，航空产业协同创新的跨网络服务形式已成为一种常态，这就需要设计合理的利益分配、知识分享和风险分担机制，使其在目标、组织结构、过程等方面能协调一致。

8.3.2.3 协同创新项目

依托南昌航空城建设项目及江西航空制造企业基础，进一步实施江西省航空制造战略性新兴产业发展规划，采用项目研制的模块化质量控制模式，在具有自主技术优势的教练机技术、大飞机大部件、通用飞机及直升机等项目领域开展全面协同创新。

重点发展的项目领域包括：发展先进教练机全系列，包括初级教练机、中级教练机和高级教练机；依托洪都集团联合省内大型企业集团组建新的商用飞机大部件研发、制造企业，实现包括前机身、中后机身、前缘缝翼、后缘襟翼等大型商用客机大部件的研发与制造；发展公务航空飞机、农林飞机等通用飞机；联合 502 所的技术实力研制国内新型直升机机型和技术，突破先进复合材料旋翼、复合材料制造和现代多用途直升机的系统集成技术和产品数字化技术的推广运用，全面提升现有产品的技术水平；开发多功能、多用途、多系列无人直升机，重点开发轻型、中型系列，轻型无人直升机主要发展200公斤级，并形成U8、U8E（出口型）等系列产品；引进国外先进机型，建设进口直升机和固定翼飞机制造基地；开拓与欧洲空客、美国波音、古德里奇、日蚀、西科斯基、意大利阿古斯特及我国沈飞等公司的合作转包业务；争取波音、空客两大航空巨头的大部件转包生产落户南昌航空产业国家高技术产业基地，并加强与其他国际、国内大型航空企业合作，争取更多的转包合作项目落户基地，合作兴建转包生产线，开拓国际市场。

8.3.2.4 协同创新措施

协同创新的本质和航空产业协同创新的复杂性决定了必须要以重大科技攻关项目为导向方能实现原始创新的突破和跨越，各创新主体参与的项目既包括组织内项目还应包括外部其他协同创新组织的项目。同时，在开展协同创新过程中，各创新主体具有多元、分散、量多、阶段组合性等典型特征，这就需要建立一个网络化、开放性、柔性的协同创新组织以满足科技协同创新的需要。协同新组织的形成，既是一个自组织过程，也是一个由政府推动的过程。协同创新过程需面临利益协调、沟通交流、知识分享与知识产权保护、风险分摊、技术标准制定、科技成果转化、考核奖惩、可持续发展等现实问题，为保持协同创新组织的稳定性，需要完善相应的协同创新机制和体制，协调好各主体的利益。协同创新平台是实现航空产业协同创新的载体和物质基础，需要制定各类科技资源的标准规范和相关的政策法规，搭建一个协同创新服务平台，利用该平台破除协同创新组织间的体制壁垒，实现人力、资本、信息、技术等创新要素的有效聚合和优化配置。

8.4　本章小结

　　本章结合本书提出的模块化质量控制及产业协同创新发展的理论模式，对我国航空装备产业、江西省航空装备产业的发展策略进行设计。

　　一是服务型制造下的模块化协同创新策略：主要包括航空装备企业的模块化服务延伸，航空装备企业的模块化服务外包，航空装备企业的模块化服务集成；针对模块化质量协同问题，从系统平衡态与非平衡态两方面采取模块化质量协同创新管理对策。

　　二是服务型制造下的中国航空产业全面协同创新发展策略：按照以关键技术开发为核心，带动全产业链的价值创新—提升全要素创新能力—培育全过程创新能力—增强模块化协同创新的创新体系构建全面协同创新发展模式。

　　三是江西省航空装备产业协同创新发展路径：针对江

西省航空装备产业的发展简况及协同创新现状，提出江西省航空装备产业的发展应做到明确协同创新思路、融合多种协同创新模式、实施重大协同创新项目，制定合理的协同创新措施。

第9章　结论和展望

9.1　主　要　结　论

航空装备研制项目的质量管理及控制既遵循一般工程管理和质量控制的基本思想、理论方法和技术，又有其自身的规律及特点。本书基于模块化思想，并结合航空装备研制项目的自身特点，从项目组织的模块化分解，组织形式的管理，模块化质量的匹配，模块化质量控制方案的选择，总结出装备研制项目的模块化管理方法、质量控制方法，最后提出航空装备研制项目模块化质量改进的循环模式，结合模块化质量控制及航空产业发展的特征，提出航空产业协同创新发展模式。本书通过模型构建及模式提出，并以某装备研制项目为例，将其应用到实践中，证明了所提理论模型与发展模式的可行性，主要得出以下结论：

（1）航空装备研制项目的管理组织及项目具有模块化的特点。通过管理组织的模块化，使得参与研制项目的各个组织既能独立工作，又能彼此联系。本书通过构建模块化程度函数和模块化敏感度函数，以某研制项目为例，分析了该产品研制项目组织各个模块的模块化程度大小，及各个模块对模块数发生变化的敏感程度，为项目组织管理者提供了相应的决策参考。

（2）构建多维质量屋有助于提升航空装备研制项目模块化选择的准确度。本书依据航空装备研制项目模块化特征，通过对模块化质量需求的层次性分析，并考虑模块供应商的生产适应能力对研制项目质量的影响，构建了多维质量屋模型，基于豪斯多夫公式等模糊综合评价法，构建了模块化供应商评价函数，为航空装备研制项目的模块供应商选择提供了方法借鉴。

（3）航空装备研制项目的模块化质量控制方案匹配具有层级性。航空装备研制供应商的多级性决定了项目模块化质量控制方案选择的层次性。由于下级项目模块受到上级模块质量改善计划及有限资源的约束，因此质量控制方案选择应从全局出发。本书构建了以质量改善计划和资源约束为纽带的航空装备研制项目模块化质量控制方案选择的多层级多目标优化模型，并设计了相应的算法。最后通过仿真实验，以某型号研制项目为例，在考虑同一层级模块间的质量关联性基础上，构建了具体的多目标规划问题，验证了该方法的有效性，为项目集成商进行供应商质量控制方案选择提供了理论基础和方法。

（4）航空装备研制项目的模块化质量改进遵循四阶段模式。航空装备研制项目的模块化质量控制问题应首先分析装备研制项目运行质量状况，找出由于组织管理、模块划分不合理等导致的质量管理问题；其次从宏观角度分析关键供应商项目运行状况，对供应商的选择进行评价分析，并对可改善的供应商辅助其进行质量控制方案选择，最后提出完整的质量改进方法。为此，本书构建了 RSCD 循环流程图。

（5）模块化质量协同对航空产业协同创新发展产生重要影响。本书认为航空产业协同创新的实质是以创新主体的跨组织协同以及创新要素的跨时空聚合为前提和基础，从航空装备产业协同创新的组织体系看，表现为产业融合背景下的航空装备服务型制造网络，以及创新主体融合前提下的航空装备产业协同创新联盟。基于服务型制造网络模块化，研究服务核心能力、服务质量水平及质量创新水平对模块化质量系统的影响。依据郎之万方程，建立模块化质量系统协同演化模型，得出了其满足平衡态的临界条件；应用力学原理，构建运动轨迹模型，拟合出了其非平衡态的模拟状态点。对两个模型赋值仿真，仿真结果表明：当模块化质量系统处于平衡态时，模块化服务核心能力对外部环境反应较为敏感；当模块化质量系统处于非平衡态时，在协同运动初期，模块化服务核心能力对质量状态的协同运动方向起决定作用，中期模块化服务质量水平的影响力逐渐增强，最后阶段质量创新水平决定了模块化质量的最终协同状态。

（6）航空装备产业的发展应遵循具有内在规律性的协

同创新发展模式。本书提出了两种典型的航空装备产业协同创新发展模式：一是基于服务型制造"三全一协同"全面协同创新发展模式，即"全产业链创新—全要素创新—全过程创新—模块化协同创新"为一体的航空装备产业全面协同创新发展模式，并通过波音公司创新的案例分析，讨论该模式发展的可行性；二是基于产业管理模块化视角的模块化协同创新发展模式，将航空产业从管理角度划分为技术模块、产品模块、服务模块以及组织模块，并通过构建模块化协同创新系统的协同度模型，从实证角度分析了我国航空产业模块化协同创新发展的协同情况，结果表明各模块近年来整体上的协同水平呈上升趋势，而且技术模块及产品模块对协同创新起主要影响。

（7）航空装备产业的发展应在理论模式的指导下推行相关协同创新策略。主要发展策略包括：服务型制造下的模块化协同创新策略，如航空装备企业的模块化服务延伸，航空装备企业的模块化服务外包，航空装备企业的模块化服务集成，从系统平衡态与非平衡态两方面采取模块化质量协同创新管理对策；服务型制造下的中国航空产业全面协同创新发展策略，按照以关键技术开发为核心，带动全产业链的"价值创新—提升全要素创新能力—培育全过程创新能力—增强模块化协同创新"的创新体系构建全面协同创新发展模式；江西省航空装备产业的发展应做到明确协同创新思路、融合多种协同创新模式、实施重大协同创新项目，制定合理的协同创新措施。

9.2 不足与展望

9.2.1 研究不足

航空装备研制项目的质量控制问题是一个重大而复杂的问题，其产品的研制过程包含市场调研、概念的设计、数字化工程设计、零部件和整机的试制与实验以及产品性能评估等多个环节，其研制过程又可分解为数以千计的小的开发活动，需要不同部门间跨组织、跨区域和跨时空合作。因此研究该问题涉及的知识点和领域很多，本书仅从宏观角度对研制项目质量控制问题的少数几个问题进行了分析和解决。由于时间和条件的限制，主要存在以下不足：

第一，研究方法的局限。科学技术特别是信息技术的发展，给复杂研制项目的研究方法和技术带来了创新和变革。例如，如何构建云计算环境下的信息服务平台，提高项目组织管理的协同化、敏捷性和网络化水平；如何借助更高水平的计算和仿真工具，提高数据分析的精确度和完整性。本书仅采用了较为传统的研究方法，在方法应用上还存在不足。

第二，实证方面的局限。受现有资源和环境的局限性，本书的实证分析除了必要的数据进行了专家调查以及统计年鉴查询外，部分数据根据二手整理和计算机训练而成。

第三，研究内容的局限。由于对模块划分标准的多样性，本书所指的模块化质量、模块化协同等概念内涵中对模块的界定存在多样性，使得部分内容阐述上还有待加强。如本书中的"三全一协同"的全面协同创新发展模式中所指模块化协同与模块化协同创新发展模式研究中模块界定及划分方法存在差异，前者是基于产业价值链结构的视角划分的模块，后者是从管理的视角划分的模块，对读者易产生混淆。

9.2.2　研究展望

在研究方法上，应更加注重实践，并结合具体产品的特征、技术难点，采用更为复杂和完善的决策方法解决问题。

在研究内容上，仍有许多问题需要进一步解决。例如，项目模块划分的数学建模过程及分析；项目集成商为了提高产品质量，在选择供应商时所承担的风险评价；模块供应商选择只解决了模块化质量选择过程的模块间选择问题，而具体的质量任务的需要由模块内的具体职能团队完成，应构建质量单元与功能小组之间的映射关系；文章在进行项目多层级多目标质量模型构建时，只考虑了三个目标，实际情况中有很多个目标，本书研究的仅仅是简化过后的问题，这也是有待进一步解决的问题。

在研究范围方面，本书主要从宏观角度对航空装备研制项目的质量控制进行研究，许多具体的问题并未展开研究。

参 考 文 献

［1］Simon H A. The architecture of complexity ［J］. Proceedings of the American Philosophical Society, 1962: 106 – 467.

［2］Baldwin C Y, Clark K B. Managing in an age of modularity ［J］. Harvard Business Review, 1997, 67（3）: 152 – 161.

［3］曾楚宏, 吴能全. 企业模块化思想研究述评 ［J］. 科技管理研究, 2006（7）: 110 – 113.

［4］青木昌彦, 安藤晴彦, 周国荣. 模块时代: 新产业结构的本质 ［M］. 上海: 上海远东出版社, 2003.

［5］Ernst D, Kim L. Global production networks, knowledge diffusion, and local capability formation ［J］. Research Policy, 2002, 31（8 – 9）: 1417 – 1429.

［6］Schilling M A, Steensma H K. The use of modular organizational forms: an industry-level analysis ［J］. Academy of Management Journal, 2001, 44（6）: 1149 – 1168.

［7］冯良清. 服务型制造网络节点质量行为研究 ［M］.

经济科学出版社，2012.

[8] 黄泰岩，李鹏飞. 模块化生产网络对产业组织理论的影响 [J]. 经济理论与经济管理，2008（3）：36－42.

[9] 曹虹剑. 网络经济时代模块化组织治理机制研究 [M]. 北京：经济科学出版社，2010.

[10] 彭本红. 模块化生产网络的形成机理及治理机制研究 [M]. 北京：经济科学出版社，2011.

[11] 王立文，邓鹏，杜端甫. 我国航空项目管理的演变与发展 [C]. 中国（首届）项目管理国际研讨会，2002.

[12] 程三川. 航天型号项目计划编制与进度控制关键技术研究 [D]. 西安：西北工业大学，2006.

[13] 刘暐. 航空型号研制项目管理信息系统研究 [D]. 西安：西北工业大学，2006.

[14] 殷学林. 项目管理在海洋石油 941 项目中的应用研究 [D]. 哈尔滨：哈尔滨工程大学，2006.

[15] 刘光富，陈晓莉. 基于德尔菲法与层次分析法的项目风险评估 [J]. 项目管理技术，2008（1）：23－26.

[16] 范道津. 风险管理理论与工具 [M]. 天津：天津大学出版社，2010.

[17] 凌云志. 航天型号研制项目进度管理及优化研究 [D]. 北京：中国地质大学，2012.

[18] Schwartz P C, Bold M M. Technology planning in a

changing environment［C］. Aerospace Conference Proceedings, IEEE, 2000.

［19］杨卫平. 航空型号研制项目的计划与技术管理研究［D］. 西安：西北工业大学, 2002.

［20］李明辉. 论企业风险管理组织架构的设计［J］. 科学学与科学技术管理, 2008, 29（1）：154 – 158.

［21］田国剑. 研发型项目组合管理的应用研究［D］. 上海：上海交通大学, 2009.

［22］王文莉. 组织级航天器项目进度管理方法研究和应用［D］. 国防科学技术大学, 2009.

［23］Nicholas J. Project management for business and technology principles and practice［M］. 北京：清华大学出版社, 2001.

［24］王洪军. 宝来两厢车项目质量管理研究［D］. 长春：吉林大学, 2007.

［25］Dolaček – Alduk, Mikulić Z, Radujković D, et al. Quality management in project-oriented construction processes［J］. Građevinar, 2007, 59（3）：209 – 218.

［26］Fletcher B H K. Quality assurance［J］. Batiment International Building Research & Practice, 1990：61 – 64.

［27］Schriner J J. A new project execution methodology: integrating project management principles with quality project execution methodologies［J］. Engineering Management, 2008.

［28］Conradie D R E. Quality management in construction

project design and management ［J］. CSIR Research Space, 2008.

［29］李英明. 医药建设项目质量管理中的质量保证研究 ［D］. 青岛：中国海洋大学, 2011.

［30］张泓彦. 商用车国产化项目的质量管理研究 ［D］. 上海：上海交通大学, 2012.

［31］郜震霄, 肖田元, 范文慧. 面向复杂产品设计的分布式仿真优化技术研究 ［J］. 计算机集成制造系统, 2010, 16 （3）：496 - 501.

［32］李亚平, 刘思峰, 方志耕, 等. 基于多级递阶规划的复杂装备研制质量协商模型 ［J］. 系统管理学报, 2014, 23 （1）：36 - 41.

［33］梁工谦. 质量管理学 ［M］. 北京：中国人民大学出版社会, 2010, 6.

［34］新藤久和. 实践 QFD 的活用——日本质量机能展开研究会 10 年成果 ［M］. 东京：日科技联出版社, 1998.

［35］ Ravi S Behara, Richard B Chase. Service Quality Deployment：Quality Service by Design ［M］. Kluwer Academic Publisher, 1993：87 - 99.

［36］ M. Wu, L. Chan. Quality Function Deployment：A comprehensive Review of Its Concepts and Methods ［J］. Quality Engineering, 2002, 15 （1）：23 - 35.

［37］ Bai H, Kwong C K. Determining the Importance

Weights for the Customer Requirements in QFD Using a Fuzzy AHP with an Extent Analysis Approach ［J］. IIE Transactions, 2003, 35 (7): 619 –626.

［38］匡建超, 王众. 基于质量功能展开（QFD）的住宅小区项目模糊综合评价 ［J］. 建筑经济, 2007 (12): 4 –21.

［39］穆瑞. 基于QFD方法的机电产品方案评价方法研究 ［D］. 哈尔滨: 哈尔滨理工大学, 2009.

［40］王卓健, 郭基联, 朱绍强. QFD 与 FMEA 相结合的需求重要度确定方法 ［J］. 空军工程大学学报（自然科学版）, 2009, 10 (6): 10 –14.

［41］盖峰. 基于QFD和TRIZ的抽油机概念设计方法研究 ［D］. 成都: 西南石油大学, 2006.

［42］Zülal Gungor, Elif K Delice. A New Mixed Integer Linear Programming Model for Product Development Using Quality Function Deployment ［J］. Computers & Industrial Engineering, 2009, 57 (3): 906 –912.

［43］刘振宇, 安相华, 谭建荣. QFD 中质量特性实现水平的多目标协同确定方法 ［J］. 计算机集成制造系统, 2010, 16 (6): 1292 –1299.

［44］H Lin, H Wu. A Hybrid Approach to Develop an Analytical Model for Enhancing the Service Quality of E –learning ［J］. Computers & Education, 2012, (58): 1318 –1338.

［45］薄洪彬. 基于人工免疫系统的质量功能配置研究

［D］. 广州：华南理工大学，2012.

［46］ Jacques Marsot. QFD：A Methodological Tool for Integration of Ergonomics at the Design Stage ［J］. Applied Ergonomics，2005，36（2）：185－192.

［47］王海涛. 基于 QFD 的智能坐便器研发质量控制方法研究［D］. 上海：上海交通大学，2008.

［48］熊伟，柴国英，王晓暾. QFD 在柴油机总体概念设计中的应用［J］. 车用发动机，2008（176）：57－61.

［49］曾海峰，俞宁. 基于扩展 QFD 模型的包装机械质量成本分析［J］. 包装工程，2009，30（5）：18－20.

［50］孙玲玲. 基于 QFD 的企业 R&D 项目质量管理研究［J］. 经济论坛，2009（12）：127－129.

［51］郗富强，江擒虎，黄康. 基于 QFD 的行星减速器优化设计目标函数建立方法［J］. 组合机床与自动化加工技术，2010（8）：24－26.

［52］刘莉. 基于 QFD 的水龙头概念设计方法研究［D］. 广州：华南理工大学，2010.

［53］丁倩倩. 我国发展大飞机项目集群创新研究［D］. 济南：山东经济学院，2010.

［54］刘春英，余青青. 我国航空装备业自主创新能力与绩效间关系的实证研究——基于上市公司数据［J］. 中央财经大学学报，2013，7：53－60.

［55］于兆吉，李颖墨等. 装备制造业科技协同创新的研究现状与展望［J］. 沈阳工业大学学报，2013，6（3）：

193 – 196.

[56] 赫丽华，刘平佳，丁鹤雁. 聚硅氧烷/聚己内酯/环氧树脂复合体系的制备及性能 [J]. 材料工程，2012，11：34 – 38.

[57] 李柏洲，周森. 企业创新对航空装备制造类企业影响机理研究——以某航空装备制造公司为例 [J]. 科技进步与对策，2012，29（20）：99 – 104.

[58] Pappas N, Sheehan P. The New Manufacturing：Linkages Between Production and Services Activities Working for the Future：Tech-nology and Employment in the Global Knowledge Economy [M]. Victoria University Press，Melbourne，1998.

[59] Marceau J, Martinez C. Selling Solutions：Product – Service Packages As Links Between New and Old Economics [R]. DRUID Summer Conference on Industrial Dynamics of the New and old Economy-who is embracing whom，2002.

[60] Porter. The Competitive Advantage of Nations [M]. New York：The Free Press，1990.

[61] Berger S，Lester R. Made by Hong Kong [M]. Oxford：Oxford University Press，1997.

[62] 孙林岩，等. 服务型制造：新型的产品模式和制造范式 [J]. 中国机械工程，2008，19（21）：2600 – 2604.

[63] 崔嘉琛，林文进，王帅，江志斌. 服务型制造模式下的顾客价值传递机制研究 [J]. 工业工程与管理，

2011，16（4）：103 – 105.

［64］王康周，江志斌等. 服务型制造综合资源计划体系研究［J］. 工业工程与管理，2011，16（3）：113 – 116.

［65］丁兆国，金青，张忠. 服务型制造企业的价值创造研究［J］. 中国科技论坛，2013，5：91 – 94.

［66］谢文明，江志斌，王康周. 服务型制造与传统制造的差异及新问题研究［J］. 中国科技论坛，2012，9：59 – 62.

［67］Cook M B, Bhamra T A, Lemon M. The transfer and application of product service systems: from academia to UK manufacturing firms［J］. Journal of Cleaner Production, 2006，14（17）：1455 – 1465.

［68］顾新建，祁国宁，唐任仲. 面向服务的产品成组模块化设计方法［C］. 中国机械工程学会年会暨甘肃省学术年会文集，2008，664 – 665.

［69］林文进，江志斌，李娜. 服务型制造理论研究综述［J］. 工业工程与管理，2009，14（6）：1 – 7.

［70］尹德志. 基于国家创新驱动发展研究［J］. 科学管理研究，2013，31（3）：7 – 11.

［71］洪银兴. 论创新驱动型产业升级政策研究［J］. 经济学家，2013（1）：5 – 11.

［72］葛秋萍，李梅. 我国创新驱动型产业升级研究［J］. 科技进步与对策，2013，30（16）：102 – 106.

［73］许庆瑞，郑刚，喻子达等．全面创新管理（TIM）：企业创新管理的新趋势——基于海尔集团的案例研究［J］．科研管理，2003，24（5）：1－3．

［74］郑刚，梁欣如．全面协同：创新致胜之道——技术与非技术要素全面协同机制研究［J］．科学学研究，2006（8）：268－272．

［75］陈劲，陈钰芬．开放创新条件下的资源投入测度及政策含义［J］．科学学研究，2007，25（2）：352－360．

［76］刘志彪．新形势下全面提升我国开放型经济发展水平的战略及政策［J］．审计与经济研究，2012，27（4）：3－10．

［77］王海花，谢富记，周崇安．创新生态系统视角下我国实施创新驱动发展战略的"四维"协同框架［J］．科学进步与对策，2014，31（17）：7－11．

［78］危怀安，聂继凯．协同创新的内涵及机制研究述评［J］．中共贵州省委党校学报，2013（1）：107－112．

［79］马永坤．协同创新理论模式及区域经济协同机制的建构［J］．华东经济管理，2013，27（2）：52－54．

［80］杨继瑞，杨蓉，马永坤．协同创新理论探讨及区域发展协同创新机制的构建［J］．经济学·政治学·教育学，2013：56－61．

［81］Schilling M A, Steensma H K. The use of modular organizational forms：An industry-level analysis［J］.The

Academy of Management Journal, 2001, 44 (6): 1149 – 1168.

[82] 雷如桥, 陈继祥, 刘芹. 基于模块化的组织模式及其效率比较研究 [J]. 中国工业经济, 2004 (10): 83 – 90.

[83] 吕利勇, 乔立红, 王田苗. 面向产品生命周期的产品模块化分解方法研究 [J]. 计算机集成制造系统, 2006, 12 (4): 546 – 551.

[84] 马飞, 同淑荣, 等. 基于模糊设计结构矩阵的产品设计过程模块化分解 [J]. 计算机集成制造系统, 2010, 16 (3): 476 – 483.

[85] 乐承毅, 徐福缘, 顾新建, 等. 复杂产品系统中跨组织知识超网络模型研究 [J]. 科研管理, 2013, 34 (2): 128 – 135.

[86] Mikkola J H, Gassmann O. Managing modularity of product architectures: toward an integrated theory [J]. IEEE Transactions on Engineering Management, 2003, 50 (2): 204 – 218.

[87] Mikkola J H. Capturing the Degree of Modularity Embedded in Product Architectures [J]. Journal of Product Innovation Management, 2006, 23: 128 – 146.

[88] 宗鸣镝, 蔡颖等. 产品模块化设计中的多角度、分级模块划分方法 [J]. 北京理工大学学报, 2003, 23 (5): 552 – 556.

［89］李登峰. 模糊多目标多人决策与对策［M］. 北京：国防工业出版社，2003.

［90］Dickson G W. An analysis of vendor selection systems and decision［A］. In：Materials Science Forum，2002［C］.

［91］陈瑾. 航空发动机 MRO 供应商综合评价与选择研究［D］. 南京航空航天大学，2008.

［92］王颜新，李向阳. 基于多维质量屋的企业合作决策方法［J］. 工业工程与管理，2009，14（5）：59－64.

［93］刘远，W Hiple Keith，方志耕，等. 复杂产品供应链质量控制方案递阶决策模型［J］. 控制与决策，2012，27（11）：1685－1693.

［94］牟立峰，曹岩. 基于产品平台的多目标供应商预选方法研究［J］. 运筹学学报，2015，19（1）：31－44.

［95］赵小惠，赵小苗. 基于模糊决策的供应商选择方法［J］. 工业工程与管理，2002，7（4）：27－29.

［96］胡宏宇. 基于不完全信息的供应商评价方法研究及应用［D］. 南京：南京航空航天大学，2011.

［97］聂文滨，刘卫东，等. 基于群决策和广义豪斯多夫距离的工艺失效风险评估［J］. 计算机集成制造系统，2015，21（9）：2484－2493.

［98］阿尔特菲德尔汉斯－亨里奇. 商用飞机项目－复杂高端产品的研发管理［M］. 上海：航空工业出版社，2010.

［99］中国民航维修网. 飞机的主要组成部分及功用［EB/OL］. http：//www. china-cam. cn/oblog/u/214/archives/2008/254. html.

［100］王志瑾. 飞机结构设计［M］. 北京：国防工业出版社，2007.

［101］Might R J, Fischer W A. The role of structural factors in determining project management success［J］. Engineering Management IEEE Transactions on, 1985, 32（2）：71 –77.

［102］Goh J, Hall N G. Total cost control in project management via satisficing［J］. Management Science, 2013（6）：1354 – 1372.

［103］Johns T G. On creating organizational support for the project management method［J］. International Journal of Project Management, 1999, 17（1）：47 –53.

［104］Thieme R J, Song X M, Shin G C. Project management characteristics and new product survival［J］. Journal of Product Innovation Management, 2003, 20（2）：104 – 119.

［105］Liu F C, Yu C H, Yen D C, et al. A structural model of supply chain management on firm performance［J］. International Journal of Operations & Production Management, 2010, 30（5）：526 – 545.

［106］Kuei C H, Madu C N, Lin C. The relationship between supply chain quality management practices and organizational performance［J］. International Journal of Quality & Reliability Management，1984，18（18）：864－872.

［107］Rahman S U. Quality management in logistics：an examination of industry practices［C］. International Symposium on Cluster Computing & the Grid，IEEE，2013.

［108］Zhang Y，Fan Z P. An optimization method for selecting project risk response strategies［J］. International Journal of Project Management，2014，32（3）：412－422.

［109］Pich M T，Meyer A D. On uncertainty，ambiguity，and complexity in project management［J］. Management Science，2002，48（48）：1008－1023.

［110］Keisler J M，Bordley R F. Project management decisions with uncertain targets［J］. Decision Analysis，2015，12（1）：15－28.

［111］王周卫. 基于过程分析的航天技改项目质量管理［J］. 中国科技信息，2015（17）：42－43.

［112］周绪红. 科技协同创新的模式与路径［J］. 中国高校科技，2012（12）：4.

［113］陈光. 企业内部协同创新研究［D］. 成都：西南交通大学管理科学与工程系，2005：60.

［114］邹波，郭峰，王晓红，等. 三螺旋协同创新的机制与路径［J］. 自然辩证法研究，2013，29（7）：51.

［115］樊霞，赵丹萍，何悦. 企业产学研合作的创新效率及其影响因素研究［J］. 科研管理，2012，33（2）：37.

［116］马卫华，李石勇，蓝满榆. 协同创新视域下的

评价问题研究［J］. 高教探索，2013（4）：34.

［117］张弘钧. 面向国防科技工业开展协同创新的路径思考［J］. 南京理工大学学报（社会科学版），2014，27（1）：68.

［118］李文川，冯良清. 江西省航空产业协同创新的现状及路径研究［J］. 南昌航空大学学报，2014，16（3）：56－61.

［119］余东华，芮明杰. 基于模块化网络组织的价值流动与创新［J］. 中国工业经济，2008（12）.

［120］Kim W. C. R. Mauborgne. Value Innovation：The Strategic Logic of High Growth［J］. Harvard Business Review，1998，75（1）：102－112.

［121］冯良清，黄大莉，夏超. 服务型制造网络模块化质量协同研究［J］. 工业工程与管理.2015（3）：83－89，97.

［122］许国志. 系统科学［M］. 上海：上海科技教育出版社，2008：196.

［123］黄晓明，何明升. 供应链资源协同的自组织演化模型研究［J］. 南京理工大学学报，2010，34（1）：36－37.

［124］段婕，孙明旭.GVC 视角下我国民用航空制造业产业升级动因及影响因素研究［J］. 科技进步与对策，2016，33（24）：67－71.

［125］冯良清，黄大莉，李文川. 服务型制造视角下的航空装备产业全面协同创新模式［J］. 南昌航空大学学

报，2015，17（4）：46－53.

［126］刘志迎，谭敏.纵向视角下中国技术转移系统演变的协同度研究——基于复合系统协同度模型的测度［J］.科学学研究，2012，30（4）：534－542.

［127］兰卫国，张永安，杨丽.基于协同度模型分析的企业多元化协同研究——以美的为例［J］.软科学，2009，23（8）：140－144.

［128］宋群.科技创新与科技金融协同度模型及其应用研究［J］.科学导报，2015（22）.

［129］李国超.基于协同学的模块化物流系统演化过程与协同度测定研究［D］.大连：大连海事大学，2013.

［130］胡红安，刘丽娟.我国军民融合产业创新协同度实证分析——以航空航天制造产业为例［J］.科技进步与对策，2015（3）：121－126.

［131］王海龙，和法清，王宁.信息产业模块化与产业创新协同发展实证分析［J］.科学学与科学技术管理，2014（9）：87－93.

［132］人民网－江西频道.起底江西航空产业产品结构完善研发实力强大［EB/OL］.http：//jx. people. com. cn/n/2015/1120/c190260－27146175. html.

［133］Glasmeier A，Howland M. Service-led rural development：definitions theories and empirical evidence［J］. International Regional Science Review，1994（16）：197－229.